負けない飲食店経営の教科書

齋藤義美 著

セルバ出版

はじめに

２０２０年、世界を変える大きな出来事がありました。新型コロナウイルスが世界中で猛威をふるい、感染を防止するため人との接触が大きく制限されました。その結果、多くの産業が大打撃を受け、飲食業、観光業などは特に深刻なダメージを負っています。

飲食業は、人とのコミュニケーションがサービスの根幹にあり、それを磨くことこそ成功に近づくものと考えられてきました。しかし、その成功要因が封印されたのです。私たちのビジネスを取り巻く環境は大きく変わり、今後も戻ることなく続いていくでしょう。不可逆的な環境変化が起きたのです。

私は、20年程度、飲食業界に関わってきました。初めの10年は懐石料理で一流を目指す料理人として、次の10年は経営コンサルタントとして。そして今は飲食チェーンの経営陣として、主に財務や会計などの管理業務を担うと同時に、合同会社おもいやり経営の代表として、飲食業を中心とした中小企業の経営サポートを行っています。

そんな私ですが、日本料理の元料理人であって、企業の経営陣であって、経営コンサルタントです。方向性が違い過ぎてよくわからない経歴ですが、世界を見渡しても同じような人はそういないでしょう。

異なる立場から業界を見てきてわかったことがあります。それは、優れた料理やサービスを提供する以外に、重要な成功要因があるのだと。それが、マーケティングやファイナンスといった、経営に関する普遍的な考え方です。

十数年前に、当時、私が料理長をしていた懐石料理店が閉店しました。茶懐石にも対応する本格的な一軒家のお店で、料理とサービスが多くのお客様に支持されていました。しかし、顧客の高齢化に従って客数は日を追うごとに少なくなり、最後的には閉店を余儀なくされたのでした。

「とてもよいお店だったのになぜ。料理やサービスはもちろん重要だけど、それだけでは成功できないのかもしれない」。

そして、ふと自分の周りに目を向けると、素晴らしい腕を持った先輩であっても、開業して成功しているのはごくわずかだということに改めて気がつきます。そこで、視野を広げるために料理人をやめ、経営コンサルタントの世界に足を踏み入れたのです。

当時の私は、料理しかやっていなかったので、経営に関する知識なんて何もありません。お金も満足に稼げないため、食べることと学ぶことに精一杯。昼は師匠の鞄持ちをしながら、夜は中小企業診断士といった資格の勉強で忙しい日々でした。経営コンサルタントの領域もいろいろありますが、私は企業再生の分野で経験を積んでいきます。経営に行き詰まった会社を再建するのが役割です。

経営に行き詰まる会社には優れたものがないのかというと、そうではありません。その地方を代表するような飲食チェーンや、老舗料理店など、その提供サービスは優れたものが多いことに驚きます。私が料理長をしていたお店と同じような場面に何度も遭遇しました。そして、たくさんのプロジェクトに関わる中で、うまくいかない会社には一種の共通点があることに気がついたのです。

① 自分たちのサービスを過信し、お客様に目を向けていない。

② 変化を受け入れない。受け入れられない。

③ 計画性に乏しい。

④ 効果検証がされていない。

①は、主にマーケティングに該当する部分です。本書でも簡単に触れますが、多くの本が出ていますので、詳細は他書に譲るとします。

②は、第7章で簡単に触れたいと思います。

2020年に起きたパンデミックは、大きな環境変化であることは間違いありません。しかし、リーマンショックのときも、東日本大震災のときも、「未曾有の事態」ではなかったでしょうか？

私が見てきた再生企業も、その企業にとってのローカルな環境変化がいくつも起こっていました。そして、その変化を拒んだからこそ衰退したのです。

今回のパンデミックでさえも、変化を受け入れ、自ら適応したものが勝利するのです。そんな変化のきっかけになれば幸いです。

③と④は、本書の主要なテーマ「会計」「ファイナンス」に該当するもので、経営に関する重要

な知識や技術であって普遍的なものです。この分野の理解が不足しているために、経営に失敗してしまうケースさえあります。特にファイナンスの考え方は、ほとんど浸透しておらず、20年以上も業界に関わってきた中で、1度も他者から聞いたことがありません。

飲食業界は、料理のつくり方や、接客の仕方を教育する仕組みはあるものの（これも古い体質が残っていますが）、経営に関することは一切教えてもらえません。

将来、独立してお店を経営したい人が大多数であるにもかかわらず、経営の「け」の字も学ぶ機会がないのです。これでは、失敗する人が量産されてもおかしくないでしょう。

現に、15年前の私は知りませんでした。お店を経営しようとしていたのに、料理しか学んでいませんでした。というか、料理以外のことを学ぶ機会は一切ありませんでしたから。

あのとき開業していたとしたら、失敗していた可能性が高いでしょう。一方で、学ぶことができた今、その可能性は幾分小さくなったかもしれません。

そんなもどかしい15年前の私にプレゼントする気持ちで、筆を取りました。

さあ、現場では学べない知識と技術を身に着けていきましょう！

ようこそ、負けない飲食店経営の世界へ！

齋藤　義美

２０２１年７月

負けない飲食店経営の教科書　目次

第2章　理論的な戦略で「儲けの仕掛け」を設計する

第3章　会計とファイナンスの考え方

第4章 財務リテラシーを身につけることが「負けない飲食店」への近道

第5章　NPVとIRRを正しく理解すれば成功にぐっと近づく

第6章　目標売上高の立て方

第7章　これからの飲食店経営に必要なこと

第1章

飲食店を始める前に知らなくてはいけないこれだけのこと

1　負けない飲食店

飲食店経営を考えているあなたへ

「あぁ、いいレストランだなぁ」「味は美味しいけど、雰囲気がダメだ」「こんな店で友人とパーティーしたいなぁ」…。

皆さんも、このような想いをしたことがあるのではないでしょうか。

これまで行ったレストランを振り返ってみると、味のうんぬんよりも「よい印象」か「残念な印象か」で店を判断していることが多いのではないでしょうか。

言うまでもなく、これからも生き残っていくお店は、前者のほうでしょう。しかし、そう思わせるためには、すべての部分において戦略が必要になります。1日や2日で「よい印象」を持たれることはほとんどないからです。

いろいろなレストランでランチをしたり、居酒屋で飲み会をしたり、あるいはバーで癒やしの時間を過ごしている皆さんなら、「自分ならこんな店をつくりたい」と夢は膨らんでいることでしょう。

しかし、その想いは、数字で見える化していますか?

事業計画は、しっかり立てられていますか?

この状況下で本書を手に取ったあなたは、飲食店経営を本気で考えている方だと思います。もしくは、今まさに経営で悩まれている方かもしれません。

この世には数多の飲食店経営の指南書がありますが、売上を上げるマーケティングについて書かれているものがほとんどです。

プロモーションや集客の限界

確かに、プロモーションや集客は、店舗経営になくてはならない側面ではあります。最終的には、お客さんの入りを拡大させ、売上を上げることが飲食店の本質。

言ってみれば、売上こそが利益の源泉であり、勝つためにはとにかく売上を拡大するしかないのです。

しかし、いつまでも売上が拡大する店舗なんて、この時代に存在するのでしょうか？　そのようなことは、どんどん難しくなっています。だからこそ、集客を打ち続けなければお客さんが来ない、というスパイラルにはまり込んでしまうのです。

売上を上げることだけを考え、マーケティング手法だけを追求していくと、経費ばかりかかって売上増は微々たるもの、結局は大幅な赤字を出して店をたたみ、その後の人生まで棒に振ってしまう…そういう人たちを私は何人も見てきました。

「負けない飲食店」になるために

実は、１回目の起業で成功する人は、ほんの一握りと言われています。新たにオープンする飲食店の50％は2年後には閉店し、5年後には80％の飲食店が消えていく、そんな厳しい状況で、マーケティング＝売上拡大のことだけを考えていて、本当に上手くいくと思いますか？

私は、そうは思いません。

本当に大切なのは、上手なプロモーションを打つことや、集客することではありません。飲食店を「投資」としてとらえ、自らコントロールできる領域をできる限り増やすことなのです。

つまり、それには、戦略が不可欠です。

本書では、お店づくりするときに知っておいていただきたい、ファイナンスと会計知識を中心に解説していきます。

エッジの効いた外観、雰囲気のいい店内、美味しい料理、希少なお酒、そういったすべてのものを生み出すのはお金です。その上に皆さんだけでなく、家族の生活が成り立たねばなりません。そのための「負けない飲食店」づくりに必要な知識をご紹介していきます。

2　人はなぜ飲食店をやりたがるのか？

様々な人が目指す飲食店経営

毎年、飲食店未経験者、経験者を問わず、多くの人が飲食店を開店しています。町の中に次々とオープンするのは飲食店か、もしくは美容室くらいのものでしょう。

さて、あなたは、なぜ自分が飲食店をやりたいと思ったのか、その理由をはっきりと覚えていますか？　少し考えてみてください。

料理人なら自分のやってきた経験の集大成として店を構える人、あるいは飲食店関連で働いていたバイトさんや、フランチャイズでやっていた店からのれん分けで入ってくる、そういうこともあるでしょう。

食に関わっていた人だけでなく、脱サラで自分の城を持ちたいというところから業種を絞っていったら飲食店になったという方、営業職から参入してくる方もいらっしゃいます。

飲食業界は参入障壁が低く誰でも入り込みやすい

どうして関係ない世界から急に飲食業界に飛び込んでこようと思えるのか、それは参入障壁が低いことが挙げられます。

参入障壁が低いと思わせるのは、やはり「食」が私たちのごく身近なところに存在しているからでしょう。

人は、誰でも生まれながらの〝食べるプロ〟。1日3食のご飯を食べており、多くの人が自分や家族のために食事をつくっています。さらには、子どもの頃に外食などをして、飲食店そのものに早くから触れていることも飲食店業務の「イメージがつきやすい」のだと思います。

起業は、経験や才能、人脈など様々なバックボーンがないと難しい部分があります。例えば、半導体の生産、ソフトウエアの開発など、ちょっとイメージしにくいですよね。それに比べて飲食店は、自分の腕と食品衛生責任者の資格、そして一定程度の資金さえあれば始められます。

今の時代は、お店のメニューに冷凍食品などを使ってもそこそこ満足できる、そういうことも大きく影響しているでしょう。

例えば、私は東京の赤坂をよく訪れますが、赤坂にある居酒屋の大半が、冷凍食品などを上手に使って店を運営しています。

居酒屋という商売上、メニューの種類がある程度ないと、どうしてもお客さんに選んでもらえない。だから、こだわってつくっているメニューだけではなく、冷凍食品も使ってバランスを取って商売をしています。これも1つの戦略と言えるでしょう。

飲食店運営のメリット

では、このような理由とは別に、飲食店をやるメリットとは何でしょうか。

その一番のメリットは、路面商売なので、お店を出せばすぐお客さんが来ること。売上のほとんどが現金商売なので、運転資金に困らない点が挙げられます（もちろん、路面店でない場合もありますが…）。

また、感じ方は違うと思いますが、自分の持っているスキルや経験でお客さんが喜んでくれる、それによって自分も喜びを感じるということもあるでしょう。

3　飲食店経営に向く人・向かない人

顧客視点で考えられる人は向いている

さて、それでは、飲食店経営に向く人・向かない人はどういう人なのでしょう。
ズバリ、向く人は、次のようにお客さん視点で物事をすべて考えられる人です。

・しっかりお客さんのことを考えられる人
・お客さんの喜びそうなメニューを考えられる人
・お客さんを満足させられる接客ができる人

ミシュランの二つ星や三つ星をとっているレストランや一流の寿司屋などは、特に接客意識が大事なお店もあります。
つまり、お客さんが「そのお店に何を求めているか」、そしてその求めに応じられるよう考えられる人が、飲食店経営に向いている人ということになります。

自分思考では難しい飲食店経営

それでは、飲食店経営に向いていない人というと次のようになります。

・ビジネスライク主義

・自分思考

よい飲食店を経営していくには、経営数字を理解するということは不可欠です。しかし、数字だけではもちろんダメで、飲食店という特性上、「相手に喜んでもらうことに価値を感じる」ことは経営の本質にある部分です。

ちょっと話は変わりますが、飲食店経営は「お客さんと直接顔を合わせてお客さんの笑顔に接することができること」として、世の中では美点に扱われることがあります。特に最近は、飲食店がアルバイトやパートを集めるのが難しいこともあって、ファストフードやチェーン店のバイト募集の広告などにステキなイメージの写真と共にそのような文章が踊っていますね。

しかし、言ってしまえば、それは表層的・イメージ的な考え方でしかありません。

夢のない話ですが、お客さんとのやり取りは、チェーン店などではほとんどありません。むしろお客さんのほうもそのような密な接客は求めていません。ある程度おいしいものを安く早く食べたいっていう意識の中には、店員との楽しいやり取りなんて入っていない。そんなお店では、お客さんの笑顔に接するより苦情処理に対応する回数のほうが多い。これが実情です。

「手厚い接客をすれば、お客様満足度が高くなる」という単純な話ではありません。それは、「これさえやれば、お客さんは来るのだろう」という自分思考にほかなりません。

大切なのは、あなたが出そうとしている店が（もしくは運営している店が）、どちらのタイプなのかということです。

お客さんを自分のお店で喜ばせようと思うなら、ファストフードやチェーン店みたいな運営ではなく、じっくりお客さんと向き合うタイプのお店をつくっていく必要があるでしょう。

そうではなく、接客や食事内容はそこそこで、快適な空間をリーズナブルな値段で提供したいと考えるのなら、そのようなビジネスモデルを考えるべきです。

4　飲食業界で成功する人・しない人

成功する人の特徴

さて、では、飲食業界で成功する人・成功しない人はどういう人なのか、掘り下げてみましょう。

まず、成功する人は、図表1のような人です。

【図表１　成功する人】

・志・理念をしっかり持ち続けられる人
・相手の立場に立って物事が考えられる人
・自分が満足するよりも相手に楽しんでもらいたいと考える人
・マーケティング思考を持っている人

・自分の仕事にしっかり情熱を注げる人
・理想と現実のギャップがどこにあるのかを考えていける人
・毎日何となく過ごさず、日々課題を発見し、1つでも変えていける人
・財務リテラシーがある人

こう書くと、何だかすごい人みたいですが、やはりマインド部分は人の行動に大きく影響します。ぜひこのようなマインドを持って、日々の業務に取り組んでほしいと思っています。

特に飲食店のような商売は、お客さんとの距離が近いため、店に来るのではなく、「人」に会いに来る要素が大きく、広い意味では「お客さんに寄り添ってくれる人」を求める傾向が強いと感じています（もちろん、お店の業態にもよります）。

失敗する人の傾向

一方、失敗する人は、図表2のような人です。

【図表2　失敗する人】

・楽をしようとする人

・継続できない人
・金儲けのことしか考えていない人
・何事も自分から率先してできない人
・自分のやりたいことだけしかやらない人
・考えることが苦痛な人

この中で、考えることが苦痛な人はかなり難しいと言わざるを得ません。というのも、計画を実行していく上で、計画どおりに進むことはほぼありません。そのため、計画と現実のギャップをその都度埋めていく作業が必要になります。

つまり、現状と計画とのギャップを把握した上で目標を立て、「なぜ、このギャップが生まれたのか」自分の頭で考え続けなければなりません。いわばギャップを埋めるための努力を楽しめるかどうか。それが店を成功させるカギになるからです。

頭をうまく使えれば成功の確率は飛躍的に上がる

私も、店の立上げに当たり、事業計画をつくりますが、結局そのとおりにはなりません。

しかし、今後のことを想定していなければ、その結果がよかったのか悪かったのかもわからなくなってしまいます。

よきにつけ悪きにつけ、結果に対して何のアクションも取れないことは、何もやってないのと同じです。

たとえ9割うまくいかなくても、それを自分ゴトに落とし込み、楽しみながらＰＤＣＡを回せる人は、私の見る限り成功しています。

もし、それが今できていない…と感じているなら、ぜひ原点に立ち返ってみてください。

自分が立ち上げたこの店で、お客さんにどういった体験をしてもらいたいのか？　改めて自分に問いかけてみてほしいのです。

5　飲食店は入口の段階から9割失敗している

しっかりした技術、理念、お客様に対する思いがない

私は、これまで数多くの飲食店のコンサルティングや、事業相談を受けてきました。飲食店とひと口に言っても、事業規模、ジャンル、店のビジョンなどはまさに千差万別。多様性がある業界です。それに加えて、飲食店経営自体、参入障壁が低いことから、「チャレンジしやすい」「誰にでもチャンスがある」という業界なのはこれまで述べたとおりです。

しかし、多くの飲食店をコンサルティングしてきた私が見る限り、〝飲食店は入口から9割失敗している〟というのが率直な感想です。

さて、少し話は違いますが、「取り立てて料理が美味しくもない、普通のお店」なのになぜかお客さんが入っているという、いびつな構造があるなと思うことがよくあります。

その1つが、マーケティングに偏った運営をして、そこそこ上手くやってしまう飲食店です。ヒット・アンド・アウェイ、一撃離脱戦法で運よく当たってしまった、そういう場合です。

集客に非常に長けていて、お客さんを引っ張ってきて、見かけはとても繁盛しているお店に見える。しかし、そこには、技術やしっかりした理念、お客様に対する思いはほとんどありません。必要ではないからです。その最たるものが、今はほとんど見かけなくなりましたが街頭でキャッチを使って集客をしていく方法でしょう。

そして、いざキャッチ営業の店に行って見ると、安い安いと言われて入ったのに意外と料金を取られて、しかも料理の味は大したことない…。

実は、その現象が、現在ではWebに移行しています。すなわち、インスタ映えする料理写真や格好いい専用サイトなどで顧客を誘引し、利益率の高いメニューで短期間に黒字を出す。そういった1つの「手口」です。

マーケティング偏重の一撃離脱店舗とは

当然、店自体に大した魅力がないのでリピーターは来ない。極端な話、1年から2年程度の早い段階で見切りをつけて業態転換させるような場合も。

一撃離脱でいろいろなお店を出して利益を出していく、そういった手法でお客さんを集めている飲食店は、残念ながらまだあります。

前述のような店が横行したこともあってか、現在の飲食店経営において重視されているのは、Webマーケティングやプロモーションとなっています。例えば、「店を知ってもらうためにチラシを撒く」「ホームページを開設する」「SNSでキャンペーンを展開する」などなど。

集客すれば、とりあえず儲かる。したがって、理念のない飲食店ほど、この手法に走る傾向があります。

もちろん、お客様に対する気持ちやお店づくりがしっかりしていて、こうした手法によって加速させるのは大賛成。ここで言いたいのは、手法が先に来て、想いがない残念なケースを指しています。

マーケティング×ファイナンスが飲食店経営の両輪

しかしながら、マーケティングだけでは実は足りません。もう1つ、「お金の使い方」、とりわけファイナンスという部分が本当に重要です。

マーケティングとファイナンスを合わせせることで、はじめて地に足のついたお店の運営が実現できます。いわば攻めと守りが重要です。それは、経営には欠かせない両輪でもあります。

ファイナンスの部分が抜け落ちた飲食店経営は、失敗に目をつぶった楽観主義、片翼をなくした飛行機のようなもので、あまりにも危険であり、私が〝飲食店は入口から9割失敗している〞と考える要因でもあります。

様々な下調べをして、ターゲティングをして、ニーズを掴んで、訴求して…というマーケティングは、もちろん重要です。集客のためにWeb媒体をどう使うか、印刷物の効果的な配布方法、広告をどう出していくか。

現在は、新型コロナの影響でなかなかやりづらくなっていますが、潜在顧客にお店の存在を知ってもらうことの重要性は変わりません。

ファイナンスを考えることが「負けない飲食店」経営の基本

でも、それと同列として大事なのは、その背景にどういうビジネスモデルがあるのか、集客が損益計算書として見たときに、どういう利益構造になっているのか。いくら投資して、どのくらいの期間で回収して経済価値が出るのか、ということを考え尽くしておくことです。

マーケティングとファイナンスをすべて1つの線で結んでおく必要があるのです。

飲食店経営を始める準備段階から、しっかりとファイナンスを考えることが、「負けない飲食店」をつくる秘訣です。これからの時代、「勝つ」必要はありません。いかにしぶとく生き残るかが重要です。

終わってしまっては、未来の機会が閉ざされてしまう。そうならないための戦略こそが、大切なのです。

6　やりたい店＝儲かる店ではない

自己実現の場でもある飲食店経営

「はじめに」で書いたように、飲食店をやろうという方は、必ず自分の中に「やりたい店」があると思います。特に料理人や店長経験者であればなおさら、自分のお店を持つということは、特別なことでもあるでしょう。料理人経験者や、店長経験者といった雇われた立場に置かれていた場合、自分の店を持った途端、自分の理想の店づくりに走ってしまうことも多いようです。

さらに、お客さんとして利用した飲食店を回り、「こういう店をやりたい！」とその外観が固まってくるのかもしれません。それほど、自分の店を持つということは、夢や希望もあるまさに1つの「自己実現の場」といってもよいかもしれません。

もちろん、そういった行動に走るのは、自己資金を使って自分の店を持つ以上、「自己実現するため」というのはある程度理解できます。

自分のやりたい店＝お客さんの行きたい店とは限らない

しかし、その『やりたい店』『理想の店』は、本当に社会の中で望まれているものでしょうか？「お金を払ってサービスを受けたい」とお客さんが考える店なのでしょうか？

自分の『やりたい』と、お客さんの『行きたい』が合致しなければ儲かりません。そうなると継続的に営業していけないし、経済価値もありません。

実は、私も、20代の頃は料理人をやっていました。その頃は、とにかくガムシャラに料理について考えていました。料理人として向上していきたい、いい料理人になって皆に食べてもらい「美味しい」と言ってもらいたい。

若かったこともあり、真っ直ぐに目標だけを見て取り組んでいたわけです。自分の店を持ちたいという夢ももちろんありました。そうやって修行も含めて約10年、料理人を続けていました。そのときに私が自分の店を出していたら…、残念ながら間違いなく失敗していたと思います。

それはなぜか。当時は、本当に料理のことしか考えていなかったからです。『経営』に対して理解も知識もなく、料理人としての技術だけで勝負しようとしていたからです。

お金の流れに無頓着で店の運営に乗り出したら、入口から失敗している9割のほうに間違いなく仲間入りです。

店を出すというのは、企業にとっても個人にとっても『プロジェクト』であり、成功させようと思ったら、プロジェクト全体を見渡してしっかり管理していく必要があります。

飲食店経営は「投資」である

プロジェクトの成果の大きな部分に、経済価値向上が挙げられます。あなたが飲食店を出すためのまとまったお金、そのお金は「投資」に該当します。

もし、お金が足りなければ、投資家から集めるか銀行から借りなければいけません。その場合、銀行側は、「このプロジェクトで儲けて利子をつけて返してくれるだろう」という期待があるからあなたに貸すわけです。当然ですが、リターンを期待させる「何か」がなくてはいけません。

ちなみに、個人店を出店するときには、およそ1,500～2,000万円はかかるでしょう。であれば、投資した金額に対してどれだけの経済価値を出せるのか、事前に計画を立てておくことが何より重要です。

やりたい店というだけで突っ走ってしまうと、この検討すべき課題が頭から抜けてしまうことが多いのも事実です。確かに気持ちはわかります。大きく膨らんだ夢から1個1個現実的に照らし合わせなければならないため、段々小さな夢になってしまって、現実に引き戻される感じがしてしまうものです。

しかし、その考えに惑わされてはいけません。どんなに理想を高く掲げていても、予算がある以上、早い段階からしっかりと現実を見据えてプランを練っていく必要があるのです。

予算を立て、無理があれば修正。希望が3割叶えられれば合格ライン

手持ちのお金、借りるお金、初期投資、日々の営業の運営費。

かかる費用のバランスがわかって初めて、1日どれぐらいの売上が必要かが見え、そこから使える投資金額、店の内装、席数、外観などが見えてきます。

もちろん、この段階で初期投資がかかり過ぎる、あるいは必要な売上を上げられなさそうだということがわかれば、その分予算を見直して、削れる費用を考えたり、店の内容を変えたりする必要が出てきます。修正は早いほうがよいのです。

私は、常々「最初の理想のプランから現実的な部分に落とし込んでいって、最終的に自分の希望が３割叶えられたら合格と思ってください」と言っています。

さて、皆さんはどうでしょうか？

7　大半の飲食店経営が上手くいかない理由

出店エリアのターゲット層に合う店を考える

大半の飲食店経営がうまくいかない理由は、はっきり言って「立地とお客さんの層に合ったサービスができていない」ことに尽きると思っています。

日本国内、といえども県によって、もっと言えば地域によってその風土や集まる人種はまったく異なります。例えば、東京都内の銀座・池袋・町田・新橋界隈を思い浮かべてみてください。来るお客さん層が違う、ということがイメージできると思います。

つまり、大切なのは、「その地域で飲食店を利用する人」のターゲット層に合う店をつくることということになります。

例えば、銀座で店をオープンするとなったら、料理も本格志向、落ち着いた環境で食事をしたい、値は張っても確かなものを求める人たちが訪れるでしょう。

対して新橋ではどうでしょう。サラリーマンが気軽に飲める、騒いでもよい環境、リーズナブルといったスタイルを求める人たちが訪れるはずです。

やりたい店より求められている店

やりたい商売から考えてしまうから、商売が立ち行かなくなってしまうのです。そうではなく、その地域特性、利用客の特性から、店を考えればよいのです。もっと言えば、「この地域に何が求められているか」から考えてもよいでしょう。

そういう観点でいけば、自分の住んでいる地元、あるいは故郷で開業するというのは理にかなっているといえます。

地方であっても、自分の地元であれば、そこに住む人たちが何を考えているか、どういう行動をしているのか、容易に考えやすいからです。

重要なのは、「飲食店に何が求められているか」です。そして、「飲食店を本当に求めている人がいるのか」という2点です。もし、この2つを考えてお客さんがいなかったら、他の地域を考えるべきです。

マーケットインとプロダクトアウトのバランスが大事

住民、あるいはお客さんがいることが明確になったら、その段階で初めて自分の持っているスキルを使って、どんなサービスを提供していくのかを考えましょう。

いわば、立地選び～お店のコンセプト決定段階では、マーケットイン思考に立って展開していくことが求められます。

ただし、注意点があります。マーケットイン思考だけで店づくりを考えてはいけません。マーケットイン思考だけでは、最大公約数的な、特徴のないお店になってしまうからです。

やはり、個人で店を出すからには、特徴を出すことが肝心です。

求められている需要と自分が提供できる最善のもの。つまり、製品志向（プロダクトアウト）と顧客志向（マーケットイン）と両方からスタートして、交わる部分というものを探っていくのが正解だと私は考えています。

ちなみに、出店場所やターゲットのリサーチには、最初であれば半年くらい入念に策を練ってもよいでしょう。ビジネスプランを練る時間も含めれば、半年～1年かけてもいいと思います。当然、そこには「人生設計」というプランも入ってきます。

繁華街への出店は慎重に

皆さんも、好きな街があって、「ぜひここに自分の店を開くぞ」と意気込んでいるかもしれません。

そのときに私がするアドバイスが1つあります。それは、「最初から繁華街には店を出すべからず」ということです。

例えば、新宿の歌舞伎町だったり、池袋だったり、そういう繁華街に来るお客さんのほとんどは、飲み食いをする場を求めてきています。

あなたが自分の持っているものをお客さんに提供して喜んでもらいたい。その人に繰返し来店して欲しいと考えたときに、お客さんの質とお店の提供するサービスの質がマッチングしない場合が多いのです。

常連客をつくれる立地を選ぶ

お客さんは、なるべく資産的に蓄積されていくべきで、大切なのは「常連客を掴む」ということです。その場所で長く続けることで、自分のお店の資産価値が上がる。つまり、これは、「悩まなくても集客できる」ということになります。

今までは、ビジネス街ですと割と状況がよくてオススメできたのですが、これからだとリモート勤務が増えてくる可能性も高いので、それも結構しんどくなっていくかもしれません。住宅地、ベッドタウンにもっと近い、生活に密着した立地のほうが、着実に成長できる時代が近づいています。

その観点からは、1年くらいはじっくり自分の将来設計とお店のことを考える時間が必要かもしれませんね。

8　生き残るお店・生き残れないお店

この状況下でも、生き残るお店は存在します。この先も、飲食店は厳しい状況に置かれるでしょう。それでは、今後も生き残るお店はどんなお店なのか、少し解説してみたいと思います。

家族経営で役割分担をしっかりしているとうまくいく

自分の伴侶と一緒に店を営むパターンは、うまくいっているお店が多いです。

私の妻の実家は旅館をやっていますが、義父が調理全般を仕切り、義母が女将となり、経理一切を切り盛りし、経営しています。

義父は、料理のことのみを考え、儲けや原価のことはノータッチ。しかし、女将がグリップしているから上手くいく。はっきりと役割を分けるパターン、いわゆる運命共同体です。

ここで大切なのは、「女将がきっちり経理を把握していること」です。よくあるパターンで、「自分は数字が苦手だから、その部分はすべて税理士にお願いしている。出た数字からアドバイスをもらって、自分の頭では施策を考えない」――これは、一番ダメなパターンです。

出てきた数字をただ見るだけでは、何の意味もありません。

課題がある場合、改善の余地があるかどうかを自分が確認して、翌日からコントロールしていく必要があります。

短いタームでお店をコントロールするために

例えば、税理士さんから、「原価率が高いから、抑えめにしたほうがいいんじゃないですか」とアドバイスされるとしましょう。しかし、それは、ビジネスモデル全体がわかっていないと経営に反映することができません。たとえ数字が苦手でも、最初は訳がわからなくても、経営状況を見るようにすることが生き残る秘訣です。

都内で10年続く1つ星のレストランのオーナー曰く、「税理士さんに記帳などをお願いしているけど、仕入額や人件費など、どのくらい支払いをしたか、自分なりに把握をしている。そして短いタームでコントロールし続けること。これに尽きる」と。

税理士さんに記帳をお願いし、その報告書が手元に来るのが約2か月遅れてのこと。この間、自身で何も把握していなかったのでは、課題の先送りになってしまいます。

さらに悪いと、

「何となくお金がないけど、よくわからない」

「支払いが多いのか、お客さんが来ている割にはお金残っていないないな」

と、ただ結果を見つめるだけになってしまってはいけないのです。

せめて1週間単位で構いませんから、お客さんの入りに対して支払いがどれくらいあったのか、手元にどのくらい残っているのかを把握しながら、仕入等をコントロールすべきです。

時間に流されずしっかりと自分のお店の現状をチェックしよう

特に路面店商売はそうですが、お客さんがお店に入ってきて、接客をして1日があっという間に終わります。その積重ねの結果、あっという間に1か月が経っていた…そういう場合が多々あるでしょう。だからこそ、しっかり現状を見据えて、自分の頭で考えることが大切です。もっと言えば、想定した金額と、現実的に入ってきている金額とのギャップを見ていくということです。

想定した人数のお客さんが来ているか？　想定した客単価は超えているか？　想定した満足度を得られているか？　想定したようにお客さんがリピートしてくれているか？――あらゆる部分で、チェックをして、そのギャップを日々コツコツ埋めていく。その地道な作業こそが「生き残る」何よりの秘訣なのです。

9　金融機関との上手な付合い方

創業初期段階は日本政策金融公庫との付合いがカギ

さて、飲食店を開業する皆さんが、悩む問題の1つに、金融機関とどう付き合っていけばいいかが挙げられるでしょう。

創業するときに付き合う金融機関は、ほぼ一択。それが日本政策金融公庫です。実績がないところに、金融機関は資金を貸してはくれません。自治体が提供している創業保証もありますが、やはり多いのは日本政策金融公庫でしょう。

そのため、創業初期段階では、日本政策金融金庫と上手に付き合うことが1つのカギになります。ここでは、事業計画・事業スタート後・創業2年目以降～のタームに分けて重要なことをお話していきます。

3つのタームそれぞれに大事なこと

① 経験（バックボーン）をもとに将来性を見せる

金融機関から必要な資金を調達するために重要なのは、とにかく「将来性」を見せることです。「このビジネスは自分にノウハウと強みがあって成功できる」という想いをどれだけ数字で表せるか、にかかっています。

例えば、売上予想を悲観値、楽観値といったところにまで落とし込めれば、信用はなおさら得られるでしょう。

そして、それらの数値が、これまでの経験からつくられているかどうかも重要なポイントです。「自分の経験値をここで発揮する！」という想いで計画に落とし込みましょう。

② スタート時は予実（予算―実績）の管理を銀行にしっかりと報告

立てた事業計画と現実・実績とを照らし合わせた結果の把握をすること。その上で予実（予算―実績）の管理を銀行にしっかりと報告することが重要です。連絡を密にして関係性をつくっていくことも意識してみてください。

つい日常の業務でおろそかになりがちですが、スタートしてお店がどうなっているかを最も知りたいのは「銀行である」と捉えるようにしましょう。

③　創業2年目以降は「計画性」を見せる

決算を迎えて、お店がどんな状態かがわかっている時期です。決算の結果をもとに事業計画をつくり、方針を共有しましょう。ここで一番大事なのは、「計画性」を見せることです。

必ず年間の事業計画を作成し、計画を共有し、計画に対して毎月の月次報告を行いましょう。もし計画とのギャップがあれば、なぜギャップが生まれるのか、その要因をしっかり伝えていくことです。

「こんなにオープンにして大丈夫？」と心配になる方もいるかもしれません。しかし、むしろオープンなほうが印象はいいのです…！

「この人、しっかり数字を見て経営の舵取りをしているな」と担当者に思わせること。誠実さを出すのが経営者にとってとても必要な資質です。

うまく行っていないときこそ金融機関に対して誠実にオープンに

例えば、計画どおりにいっていない月があったとしましょう。

それを包み隠さず出すこと、そして自分なりにうまくいかなかった要因を理解していること。この2つを担当者にアピールしましょう。

要因とひと口に言っても、様々なものが挙げられると思います。コロナみたいな外的要因や、仕入の原価をかけ過ぎた、などの内的要因もあるでしょう。

大事なのは、次のアクションです。目標まで入っているとなおよいでしょう。

・マイナスの結果が出た場合の原因追究
・想定した計画とのギャップをリカバリーするための案
・目標は○○（具体的な数字）

ぜひ思考を止めず、アクションの先まで考えてみてください！

ちなみに「どの段階から政策金融金庫と付き合えばいいか？」とよく聞かれますが、私は、「事業計画を立てるところから」、つまり、事業開始前、最初からお世話になるべきだと思っています。

事業計画のつくり方サポートも行っているので、積極的に活用しましょう！

自治体（千代田区等）の創業支援を活用するのもよいでしょう。ほとんどが無料でサポートを受けることができます。中小企業診断士等の専門家が、事業計画の作成について具体的なアドバイスを行っています。また、特定創業支援等事業として創業塾などのワークも開催されています。受講証明を取得することで、「会社設立時、登録免許税の軽減」「制度融資の利子補給や保証料補助」「日本政策金融公庫の融資条件緩和」「創業助成金」等のメリットが得られます。

第2章

理論的な戦略で「儲けの仕掛け」を設計する

1 「儲けの仕掛け」をどのように立てるか

綿密に計画を立てる

儲けるために必要な力、皆さんはどんなスキルを思い浮かべますか？　資金力、人脈、それらはもちろんあったに越したことはありませんが、最も必要なもの、それは「設計力」です。

自分のお店をどのように繁盛させていくか。その動線をいかに上手に引くかで、店の運命は決まっているといってもいいでしょう。しかし、自分の店のマイルストーンを描く力は、一朝一夕では身につくものではありません。コツコツと身につけていくしかないのです。

実は、飲食店経営は「自分でコントロールできる部分」というのは意外に少ないもの。シンプルに考えて見ると、売上から費用を引いたもの、つまり儲けを出すためには、売上を上げるか、コストを下げるかの2つしかありません。

売上から考えてみると、お店の売上は「席数」で上限が決まってしまいます。儲けを出すためには、プラスアルファで上乗せできるかどうかの仕組みづくりが欠かせません。

例えば、もう1品頼んでもらう仕掛けをつくったり、ワンランク上のメニューをつくって誘導したり、デリバリーを展開したりするイメージです。

どうでしょう、飲食店経営って結構大変だな、そう思いませんか？　そのカン、おそらく当たっています。

では、どうすればよいのでしょうか。

その答えとして、私は、「綿密に計画を立てておく」ことをおすすめしています。言い換えれば、儲けるための仕掛けづくりです。これがあるかないかで、店の利益は大きく変わるでしょう。では、早速、どのように儲けの仕掛けを立てていくべきか、順を追ってお話ししていくことにします。

2　なぜ飲食店こそ戦略的な理論が必要なのか

ターゲットを決めて戦略を立てること

この世の中には、ありとあらゆる商売があります。服飾関係、食品スーパー、百貨店など、商売と名がつく以上売買いが発生し、そこで利益を得ているわけです。

その中でも、私は、特に飲食店こそ戦略的な理論が不可欠だと考えています。それはなぜか。皆さんも、ここ1年あまりで起こった社会情勢の変化を考えれば予想がつくでしょう。

日頃から戦略を立てていなければ、お店の経営の見通しを立てることはできません。さらに、不測の事態が起こったときにリカバリー策を立てられるのも、戦略的思考があってこそです。

しかしながら飲食店は、残念ながら体力がなく店を運営しているところがほとんどです。それは、経営状況ということだけではありません。人員的にも慢性的な人不足が続き、やっとのことでお店を回している飲食店が多いのです。

その中にあって、コロナ禍のような大きな社会変化がやって来た場合、持ちこたえられなくなってしまう、それが飲食店経営のいわば「怖さ」でもあります。

しかし、言い換えれば、最悪の事態に備え、リカバリー方法を常日頃から意識さえしていれば、社会変化にある程度対応することは可能でしょう。それには、マーケティングとファイナンスの両方が必要不可欠です。


飲食店開業の前には必ずユーザーのターゲティングを

ここで詳しいマーケティング理論の説明は省きますが、飲食店を始める上で何より大切なのは、「自店のポジショニング」をしっかり考えることです。つまり、ターゲットをしっかりと定めた上で店の構造を考えていくことです。

「そんな当たり前のこと?」と思われがちですが、意外とここをすっ飛ばしている人が少なくありません。

例えば、
・東京都の新橋に勤めるサラリーマン
・30代男性
といったようにターゲットをしっかりと絞ります。

【図表３　ポジショニングの例】

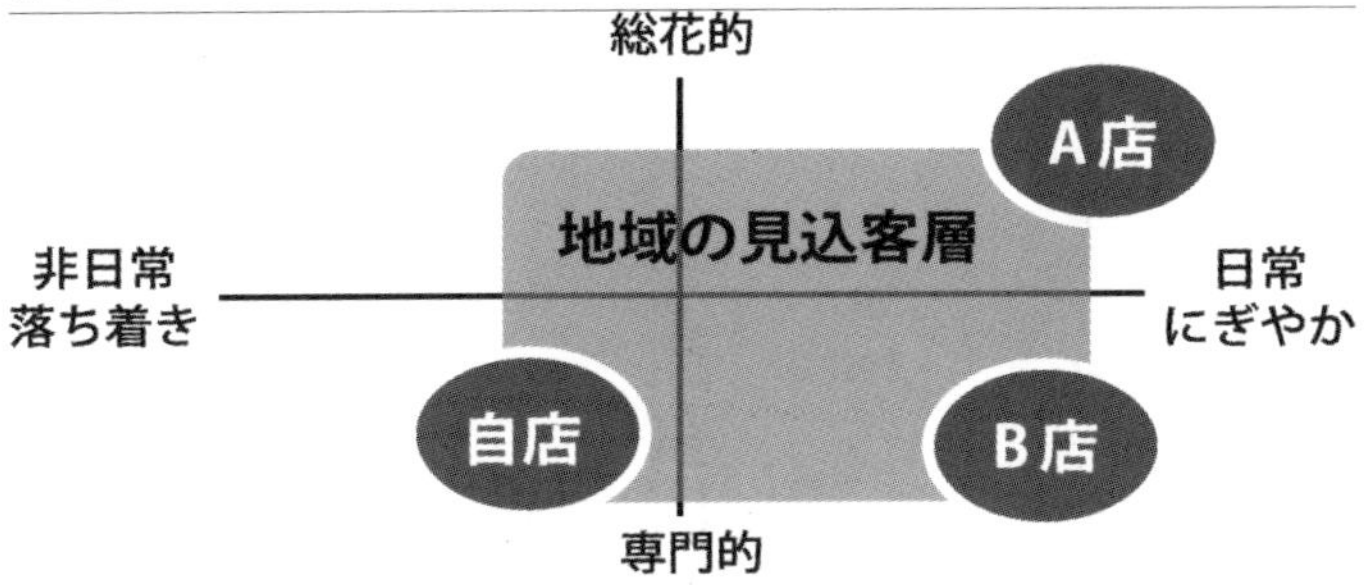

その次に、自分の店の軸をつくっていきます。

つまり、「どういうときに使ってもらう店にするのか」ということです。いわゆるニーズです。

例えば、次のような考え方で区切ってみましょう。

・日常か／非日常か
・大衆酒場にするのか／フレンチなどの専門店にするのか
・気軽さか／接待向きか

これだけ考えただけでも、店の存在価値が見えてくると思います。

そして、「ポジショニング」へと落とし込んでいきます。

例えば、先に挙げたものであれば、

・大衆居酒屋ではなくバルの雰囲気の店
・おしゃれだけど入りやすい店
・女性も気軽に入れる店（実は女性にウケる店は、男性にもウケるという法則もあります）

簡単なポジショニングの例を示すと、図表3のとおりです。２軸を切って、地域の見込客層や競合店とともに、自店もプロットして位置関係を明確にするものです。

出店する地域で、ポジションをどう表現するか、これが非常に大切です。ポジショニングを設定したら次は業態です。

例えば、バル（バーと食堂が一緒になった飲食店）であれば、ワインを充実させる、欧米の雰囲気を醸し出す、メニューの表記をおしゃれなモノにするなど、つくり込むアイデアはいくらでも出て来るはずです。その後、お客様目線での店のつくり込みに取り掛かりましょう。

大切なのは、「やりたい店」をつくるのではありません。「選ばれる店」をいかに戦略的につくっていくかです。そして、「選ばれるお店」であることが、「儲かるお店」のスタートラインになります。

3　どんな飲食店が「儲かる」のか明確にする

それでは、一体どんな店が儲かるのでしょう。ここでは、3つの「儲かる」例を挙げたいと思います。

利用動機に業態コンセプトを合わせること

1つ目は、「利用動機に業態コンセプトを合わせる」ということです。これは、「選ばれる」ためのポイントです。

ここ数年で、飲食店の業態はかなり細分化されてきました。以前は、「居酒屋」「焼き肉」など大枠だったものが、「クラフトビール専門店」「ジビエ焼き肉」など、かなり細かく特徴（コンセプト）がセットされています。

消費者がお店を選択する際に、その利用動機に合っているかどうかで、最終の決定がなされます。「ジビエが食べたい」「クラフトビールが飲みたい」など、利用動機に対して直接的にアプローチする効果があります。

「誰にでもわかりやすい」ということが人気の理由の1つでしょう。決めるべきは、誰にでもはっきりとわかるような店にすること。そのお店の特徴をはっきりと打ち出すことです。

また、「ネオ大衆」といった業態も流行りました。提供する料理などは、過去の大衆居酒屋と同様である一方、店舗の内外装、盛付け、グラフィックなどでモダンな雰囲気にアレンジしたものです。

消費者の動機の根幹に大きな変化はないという現実を捉え、その見え方を変えることで現代の人々にも受け入れられました。SNSなんかもそうですよね。コミュニケーションの動機は普遍ですが、その手段がリアルからネットに変わっています。

高利益モデルにすること

２つ目は、「高利益モデル」にすることです。特にこれからしばらくは、客席の間引き営業が続くと思います。そのため、以前のような薄利多売方式では立ちいかなくなる可能性があるでしょう。であれば、このコロナ禍を機会に、思い切って高単価モデルへと舵を切るのも1つです。利幅を上げて、高利益を達成しようということです。

これまでのように、食材の原価率を30％にするといった型どおりにする必要もありません。食材の原価だけを上げて販売価格に転嫁するのも限界があります。それだけの違いを感じ取れるお客様はそうはいません。

例えば、心に残るサービスにだって値段がつくのです。「原価＝食材原価」という概念を捨て、料理をつくって提供する一連のサービス（店舗の雰囲気なども含まれる）に対して、値づけをしていけばよいでしょう。

それよりも、「高単価の商品・サービスに、原価以外の価値をどれだけつけるか」に力を入れるべきだと考えます。

オリジナリティーを高めること

そして3つ目は「オリジナリティーを高めること」です。これは、2つ目に取り上げた「高利益モデル」にもつながり、継続して「選ばれる」ためのポイントでもあります。いろいろなアイデアが考えられるでしょう。

例えば、

・他には真似のできない技術によって商品価値を高める
・他では仕入れられないような食材

・期待を上回るようなサービスの提供

など…、「これが正しい」という正解は1つではありません。多方面から考える必要があるでしょう。

以前、星付きレストランの支配人と共同でレストランをやる企画が持ち上がりました。それが、「レストランをショールームとして展開し、その隣で小売を併設して利益確保を狙う」ものでした。

料理は、利益度外視で、来店したお客さまに「非日常」を体験できるレストランという感覚を持っていただきます。「美味しい」「素敵なお店」というイメージをつくった上で、日配品や日用品を小売として売ったり、料理をデリバリーで売ったり、あるいはネット通販で販売したりして、利益を得ていく。そんな作戦だったのです。

すなわち、店舗はプロモーションの手段、ブランディングの手段として使用し、他の部分で利益を得るというビジネスモデルを考えていました。あくまで店舗は「認知の手段として使う」というアイデアです。今まで余りないビジネスモデルだったのかなと考えたのですが、結局のところこの話は流れてしまいました。

このように「新しい」「これまでにない」ようなアイデアを生み出すことも、儲けるためには必要なのです。

ニューノーマルな時代に合わせた運営形態を考えて

これからの時代であれば、ＩＣカードや電子決済サービスなどをタッチすることでお店に入って、食事を済ませて、会計も自動化される（実際にこのカフェはできました）。つまり、接客係が不要のオールセルフで利用できる、次世代型の飲食店として運営していく。そういったビジネスモデルに舵を切ってもいいと思います。

儲けの仕組みを考えるということは、すなわちビジネスモデルを考えていくことに他なりません。FLの設計、原価率や人件費の設定、さらには設備構造をどの程度に設定するか、そこに新しいアイデアを入れて、それらをうまく組み合わせることだと思います。

ただし、新しいアイデアというのは、昨日きょうで思いつくわけではありません。常日頃から考え続け、あるとき「これだ！」とひらめくものだと思うのです。

4　収益構造を明確に

収益構造をどうつくるか

大量生産、大量消費型の薄利多売。少数生産の代わりに高単価で売る少売多利。さて、これから出すお店はどちらのパターンで考えていますか？

「どちらのほうが適しているのかわからない」──そう思われる方も多いのではないでしょうか。

では、ここで1つ、例を出してみましょう。

「原価バー」という業態があります。このお店の特徴は、「飲食物すべて原価で出します！　利益はありません」というもの。でも、当然、これでは利益が出ないため、お店は継続できません。

そこで、入場料みたいな形で、お店に入る際に3，000円を支払うシステムにする。入場料を支払中に入れれば、何を飲み食いしても原価の値段しかかからない。つまり、安く飲み食いできるという店舗形態です。

これは、お店に入ってきた時点で利益が確定される、そういうビジネスモデルです。入場者を増やすことに注力すれば、後は入場者＝お店の収入となるシンプルなモデルでもありますね。薄利多売に見せかけて、飲食物とは別のところできっちり必要な利益をいただく。こういったモデルも工夫次第で生まれるでしょう。

実際に、このような店をやるかどうかは置いておき、大事なのは収益構造をどうつくるかということです。つまり、どのようなビジネスモデルを描くかによって、薄利多売なのか、少売多利なのか自ずと決まってくると言ってもよいでしょう。

収益構造を考え抜くには具体的なイメージを大事に

もう少し具体例を挙げてみたいと思います。

Ⓐ　1等立地、高単価商品で勝負する一般的な飲食店

Ⓑ　2〜3等の立地でイートイン＆デリバリーを兼ね備えた飲食店

さて、皆さんならどちらを選択しますか？　Ⓐのような一般的な飲食店であれば、イートインし

かないため、集客で売上が決まってしまいます。しかし、Ⓑであれば、イートインの客、デリバリーの客両方をキャッチすることができます。家賃の安いところに出店して、イートインの売上はリピーターを積み上げることによって着実に取る。そのようなモデルはどんどん増えていくと思います。

さらに言えば、現在では、イートインを持たない「デリバリー専門店」も増えています。デリバリーに集中することで、サービスに用いる空間が必要ありませんので、少ない資金で展開できるメリットもあるでしょう。いわゆるゴーストレストランですね。

また、1つの店舗・厨房で複数の業態を展開している「バーチャル型」も見かけます。1か所の賃料だけど、出しているお店が5店舗分なら、集客ポテンシャルは間違いなく上がりますよね。デリバリー型であれば、1つの厨房で多業態を展開することが容易になっています。こちらはバーチャルレストランなどと呼ばれています。

実は、新型コロナウイルス拡大のようなマイナス面も、新しいビジネスが生まれる機会になっています。脅威と機会は表裏一体ということです。

一般に、客単価は下げたほうが集客力は上がりますが、一定のクオリティを維持して下げればどうしても原価率が上がります。それを上回る集客力を発揮できるかどうかをよく見極める必要があります。

これからは、客単価はある程度上げる方向で考えたほうが上手くいく可能性が高いです。新型コロナウイルスにより、従来よりも客席数を増やしにくい状況にあるからです。

大事なのは、型にはめて考えないこと、そして、いろいろなアイデアを出して、取捨選択していくことです。さらに、もう一歩進んで、考えたアイデアを数字にするということが極めて重要です。

5　適切なイニシャルコストとは

お店を出す前にやること

適切なイニシャルコスト（初期投資）―店を出す上でここにつまづいてしまう人も多いのではないでしょうか。最適なバランスを試行錯誤するのは、お店を出す前にやることです。ただし、イニシャルコストだけを取り出し、適切な金額を算出することは難しいです。実際、お店を出すとき、投資額の計算に利回りまで含めた計算をする人はまずいません。

そこで、適切なイニシャルコストを出すためには、IRR や NPV という指標を用いることが重要だと思っています。アイデアを数字にしてみて、そこからどの程度の利益やキャッシュフローが望めるのか。そこからその場合に使えるイニシャルコストをはじき出さなければなりません。IRR と NPV については、改めて後ほどご説明します。

イニシャルコストを出す基準とは

さて、皆さんは、イニシャルコストを出すとき、次のようにしていると思います。

●物件を見つける→席数を割り出す→業者から工事や備品の見積りを取得する→イニシャルコストを算出する

この例は、飲食店を運営するに当たり、必要なモノやサービスを見積もって、その金額を集計したものです。もちろん、これがなければ必要資金が見えてきませんから、スタート段階では必要なことです。

ただ、ここからもう一歩踏み込んで、見込める利益やキャッシュフローから、投資が回収可能なのか、期待する利回りが得られるのかを考えなければなりません。見込みの利益やキャッシュフローに対して、イニシャルコストが過大であるなら、それを下げるか、ビジネスモデルを見直して利益やキャッシュフローを高める必要があるからです。

さて、私がイニシャルコストを考える際の基準は、最低で10％の利回りを達成できるかどうかです。もちろん、これは、ご自身の選好度によって変わってきます。利回りについては、後述するIRRを用いてください。ここは、「利回り10％が最低限必要なのだな」ぐらいに考えていただければ大丈夫です。

収益構造が不変であり、10％の利回りが取れないのであれば、イニシャルコストを下げるシンプルな理論です。これは、私が長年店舗づくりに携わってきてはじき出した最適値でもあります。「負けないための店」をつくる上で大切な数字です。

この基準を厳しく守ることで、今後の運営は大きく変わってきます。そのため、イニシャルコストを下げるための方策はすべて取りましょう。

自分で壁を塗ったり、棚をつくったりといったセルフＤＩＹをするのもよいでしょう。施工前に材料を変えられないか、設備を変えられないか、安価なものにできないかなど、材料から見直すこともできますね。あるいは、「やりたいことのすべてを最初にやろうとしない」という考え方もあります。

最初にミニマムの施工（最低限のイニシャルコスト）でスタートして、想定どおりに収益が上がることが確認できた段階で追加投資していくという考え方です。

一般に、理想を形にするのがイニシャルコストです。ここでは、生存につなげていけるかどうかの判断から適切なイニシャルコストを決めるのです。

6　見込売上はミニマムで考えよ

計画の段階から「最悪の事態」を想定しておく

イニシャルコストを決め、店の外観・内観が形づくられてくると、当然、「儲け」がどうなってくるのか、気になりますよね。どれだけお客さんがくるのか、どれだけの売上があるのか…それを想像するのは楽しいもの。

しかし、「バラ色の将来はない」と思っていたほうがよいと私は断言します。ましてやこのコロナ禍、これから店を出して利益を得るのは相当なハードモードだということは肝に命じておきましょう。

では、どうするかというと、計画の段階から「最悪の事態」を想定しておくことです。

計画の段階から「60％稼働率」を目指す

とある1軒のレストランを出店するとしましょう。借入れをして建てたお店です。当然、売上の中から返済計画を立てます。

その際、席の稼働率を100％に設定しておくとします。するとどうでしょうか？　実際、稼働が60％になった場合、返済するお金が足りないといったこともあり得ます。しかし、このような状態では、不測の事態や何か策を打ちたいと思っても、何のテコ入れもできません。居酒屋のように1日に席が何回転かする場合は、席稼働率ではなく、席回転率で判断しましょう。

稼働率100％というのは極端な例ですが、少なくとも見込売上はミニマムで考えるべきです。そこで、私は、最初の計画を「稼働率60％」、つまり6割程度で立てることをおすすめしています。

さらに言えば、回転率を1日3回転したいけれど、これを思い切って2回転でも店は続けていけるのか試算してみるのです。

すなわち、「売上の見積り」を低く設定しておくこと。つまり、客数を60％で見積もるのです。連日60％の客数で見積もったときに資金が回るか、これは非常に重要です。

60%でお店が回るかどうかを試算する

60%というネガティブな数字を立てていれば、返済可能で、かつ自分も最低限度の生活ができます。そして、キャッシュフローに余力があれば、残り40%のギャップを埋めるための策を考えることができます。

仮に60%しか売上が出なかったとしても、そのままの現状で店舗は続けていくことができます。まずは、返済＋自身の手取りを確保するデッドラインを知りましょう。決して大風呂敷を広げてはいけないのです。

店舗や住宅は、自分の中で「一生分の買い物をする」というような感覚の人が多いと思います。これが、仮に「マイホーム」だとすれば、そこに自分の夢や理想を詰め込みますよね。でも、店舗はそうではありません。

一生に1度ではなく、何回もやり直しもできる。途中から業態だって変えられるし、飲食店を辞めて別の道に行くことだってできる。

だからこそ、「飲食店がダメだったとき、もう1回やり直せる」くらいの余力は残しながら、店舗運営に取り組むべきなのです。

コロナウイルスが好例ですが、不測の事態が起こったときや、想定どおりにならない場合にどうするかということを常に考えておくためにも、見込売上をミニマムで考えておくことは効果的なのです。

7　忘れてはいけない借入金の返済

損益計算書に出て来ない支出に注意

店舗を運営する以上、忘れてはいけないのが、そう、借入金の返済です。銀行の借入金のほか、機材、車などその他の物品のリースを抱えるという場合もあるでしょう。

実は、ここに大きな落とし穴があります。というのも、利益を計算する損益計算書の計画だけを想定する方が多いため、このような借入金の返済はついつい見逃されがちになってしまうのです。利益は出ているけど資金が回らないことがないように、借入金やリースの返済を含めた計画を立てましょう。

借入金以外にも、損益計算書に出て来ない支出があります。例えば、次のようなものです。

・借入金の返済
・消費税、源泉税、住民税などの納付
・預かった社会保険料の納付
・割賦販売の支払い

こうした利益計算上で出て来ない支出を見逃さないために、資金繰り予定をしっかり立てることが重要です。資金繰り予定の詳細については後述します。

個人事業主の方は、しばしばお店の運営資金や借入金の返済が生活費などと混同してしまう場合があります。混同してしまうと、管理が行き届かないばかりか、正確な利益や損失を出すことが困難になってしまいます。このような事態を避けるためにも、お店の通帳と個人の通帳は分けておきましょう。

8　個人事業主は店ではなく自分の人生設計と共に店舗計画を立てよ

店舗設計と人生設計は同時並行で考える

コロナ禍において、個人店の経営も苦境に立たされました。現在もあの手この手で様々なチャレンジをされている店舗が多いでしょう。多店舗展開の飲食企業で、店舗開発の担当者が1店舗出すのと、個人の方が1店舗出すのは重みが違います。このことからも、個人店の経営は、自分の生活そのものであり、人生と密接に関わっているということがわかると思います。

そのため、私は、個人店を開業する前の設計段階の時点で、人生設計と共に考えていくべきだと考えています。

例えば、次のようにライフプランと共に目標を書き込みましょう。

・35歳で独立開業する（子ども2人、○歳、○歳）
・子どもが小学校入学

・子どもが中学校入学
・45歳で店をリニューアル
・子どもが高校入学

その際、自分自身が、どのタイミングでいくら必要なのかを明確にする必要があります。子どもの教育費、高校・大学の学費、住宅の取得など、お店以外でも自分の人生に必要だったり実現させたいことがあるはずです。

その人生設計の一部として、お店を開業するという考え方をおすすめします。なぜなら、お店は、人生のすべてではなく、その一部であり、お店のために人生のすべてを賭けるべきではないからです。お店はやり直せますが、人生はやり直せません。

このようにかかる金額を見える化していくと、思ったより費用がかかるんだなと感じると思います。また、それと同時に、「事業は慎重に、かつ利益をきちんと積み上げていかなければならない。儲かったからといって、欲に任せて使ってはいけない」ことにも気づくはずです。

店舗運営は「計画どおりに運ばない」と考えていたほうがよい

最初のお店を出すのであれば、2等か3等の立地しかまず手に入りません。ましてや、最初から行列ができるお店にするのは相当確率が低いと捉えるべきです。

ミニマムな売上から、「このくらいの投資額であればしっかりキャッシュフローが生み出せる」という

【図表４　個人事業主の簡単な計画例（青色申告決算書基準）】

項目	年間金額	計算式
見込売上高	80,000,000	S1
ミニマム売上高　60%	48,000,000	S2＝S1×60%
売上原価	13,000,000	C1
経費(人件費、家賃、減価償却費等)	25,000,000	C2
差引金額	10,000,000	P1=S2-C1-C2
専従者給与(奥さんの給与)	-1,200,000	C3
青色申告特別控除前の所得金額	8,800,000	P2=P1-C3
青色申告特別控除	650,000	A
所得金額	8,150,000	P3=P2-A

所得税・住民税等 (実効税率23%)	1,874,500	T=P3×23%
経費内の減価償却費	600,000	D
手残りの事業主収入	6,875,500	P4=P3-T+D

＜プライベートの支出＞

食費、家賃等の生活費	4,000,000	C4
子供の教育費	1,200,000	C5
遊興費（旅行など）	1,000,000	C6
残金（預貯金で蓄えるなど）	675,500	P5=P4-C4-C5-C6

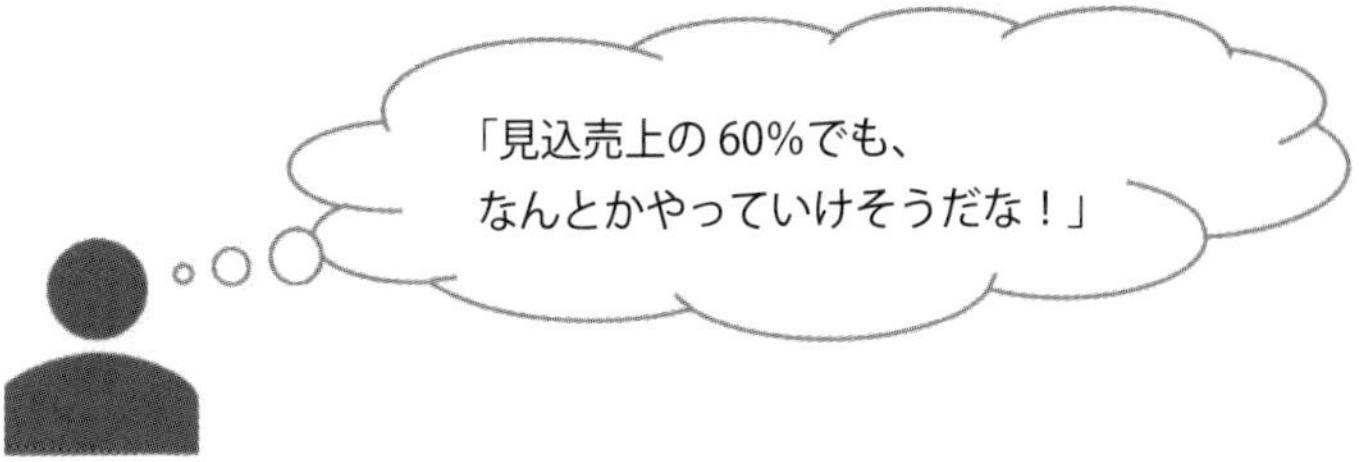
「見込売上の60%でも、
なんとかやっていけそうだな！」

ことを見出すこと。そして、固定費をかけ過ぎないよう、「バランスの取れた計画」を立てましょう。

事前計画を立てる段階でぜひ考えて欲しいこと

さて、よくある話ですが、実際計画を立てては見たものの計画どおりに事が運ばないことが多くあります。また、残念ながら、「お店は赤字だけれど、存続させるためにアルバイトに出て何とか生活費を稼いでいる」なんてこともあります。しかし、これでは事業として成立していません。そのため、事前計画を立てる段階でぜひ考えてみて欲しいのです。

もし経営が赤字になった場合、「お店に思入れがあって、お店の存在のために働いている」ということが自分の中で納得できるかどうか？　たとえ赤字であっても続けていきたいほどの店なのかどうか？──まず、経営者はこの2点について振り返って欲しいのです。

多くの人は、豊かな人生のために店舗経営に踏み切るはず。その目的がすり替わっていないか、ぜひ計画を立てる段階から考えてみて欲しいのです。

事業はいつでも冷静に

家を建てるときもそうですが、テンションが上がり、数字を見ているようで見ていないことがあります。しかし、事業は、冷静さを欠いてはいけません。よく言われますが、「クールヘッドウォームハート」の心づもりで取り組んでいって欲しいものです。

第3章　会計とファイナンスの考え方

1　どんな商売にも重要な会計とファイナンス

会計とファイナンスの知識は不可欠

どんな商売においても重要となってくるのが、会計とファイナンスに関する知識でしょう。お客様がお金を出し、自分の商品やサービスを買ってくれる。それが、ひいては自社の収入になるわけです。お客様の変動に合わせて経費削減を考えたり、逆に利益が見込めそうだから設備投資をしたりする場合も、すべて会計とファイナンスの知識がなければその判断をすることはできません。

「会計やファイナンスの知識はすでに持っている」という方もいらっしゃると思いますが、ぜひ見直す意味でも、本章を読み進めてみてください。

2　飲食店に絶対必要な会計とファイナンス。そもそも会計とファイナンスとは何か

会計とは何か

飲食店経営で最も重要と言えるべきものが、「資金管理」でしょう。特に個人事業主の場合は、生活費と直結するものでもありますから、日々気になるものでもあります。

会計とファイナンスは、本来セットで考えるべきものですが、そもそも会計が理解できないと、

ファイナンスは理解できません。

会計とは、横文字にするとアカウンティングで、簡単に言えば売上・経費・利益など事業の経営成績や、預金や借入金等の財政状況を記録・報告するためのものです。

それに対してファイナンスとは、財務のこと。一般に財務というと、資金調達のことを指しますが、ここでの財務とは資金を調達と運用に関する経営学の分野を指しています。

会計（アカウンティング）が過去の数字を扱うのに対し、財務（ファイナンス）は未来の数字を扱うことに大きな違いがあります。

私は、ファイナンス思考での飲食店経営を提唱しています。詳しいことは後述するとして、飲食店は、比較的多額の投資資金が必要であり、その投資資金の回収、もっというと利回りを意識することが重要だと考えているためです。

「それでは、早速ファイナンスの解説をしていきます…」と言いたいところですが、そうもいきません。なぜなら、ファイナンスは、会計の上に成り立っているようなものだからです。

そこで、会計における基本のおさらいから始めます。会計を知るということだけでも経営にとって有益なことです。会計の重要さは、次の３つに大別できます。

会計がわかるとビジネスの構造が理解できる

P/L（損益計算書＝Profit and Loss statement）の内容がわからなければ、そもそも利益の源泉がわかりません。利益率が高い商品・サービスは何か？　それを知る手掛りにもなります。同様に、B/S（貸借対照表＝Balance Sheet）がわからなければ、お店や会社の財政状況がわかりません。これでは、「何となく経営している」という状態になってしまいます。

ステークホルダーと会話するための共通言語として活用ができる

個人事業主や中小企業であれば、銀行から資金を借りる場合が圧倒的に多いでしょう。その銀行と会話をするためには、共通の言語が必要となります。それが会計なのです。

例えば、ＡとＢの２人の経営者がいたとしましょう。

Ａ「今期は気合でグッと売上も利益も上がりました！　来期もがんばります！」。

Ｂ「増益の要因は、下期に行った仕入先の開拓により原価率が改善したもので、今期も同様の効果が期待できます。通期での利益効果は○百万円になります」。

さて、あなたが銀行であったとすれば、ＡとＢのどちらに融資したいと思いますか（もちろん、Ｂですよね）。

このように、事業がどのような状況なのかを知るには、データを見るのが一番！　会計は、いわばステークホルダーとの「共通言語」になるわけです。

これが十分な内容でなければ、銀行から必要な追加融資を受けることも難しくなってしまうことになります。

ファイナンス志向で経営するには会計の知識が必須

飲食店に限らず、経営には、現在のことを考える思考と、未来のことを考える思考の両方が必要です。

将来を見通して出店や改装にかかる投資のリターンを計算し、常に経済価値を確認する。そうすることで、この先のリスクを最小限にすることができます。すなわち、これが「ファイナンス思考」です。

このように〝きちんとした〟健全な経営をするには、その土台となる会計知識が必要不可欠なのです。

いかに会計が大事か、わかっていただけたと思います。

3　会計の種類（財務、税務、管理）とそれぞれの役割

会計の３つの役割

さて、会計の重要性を認識したところで、会計の種類とそれぞれの役割についても少し触れておきます。

会計には、大きく分けて次の３種類があります。

①　財務会計（対象：投資家）

1つ目が「財務会計」です。

財務会計は、上場企業などが投資家に向けて情報公開するためのものです。対外的な会計ですから、一定のルールがあります。監査法人による厳格な監査が行われ、投資家に向けて経営状況の報告を行うための会計です。

投資のための判断材料となり、報告することが主目的となります。

②　税務会計（対象：税務署）

2つ目が「税務会計」です。

こちらも対外的な会計ですから、ルールがあります。報告という点では財務会計と同じですが、税務会計は税務署に対して行う報告です。

決算書をもとに税理士にお願いして法人税など納税額の計算を行い、申告書を作成して税務署に申告します。主目的は、正しく税金を収めることです。

また、銀行に対しての経営状況の報告においても、税務会計で作成した申告書で行う場合が多くなります。

いずれにしても、こちらも報告することが主目的となります。

③　管理会計（対象：自社、自身）

さて、3つ目が「管理会計」です。こちらは、経営者自身がお店の状況をモニターするための会計です。内部資料となるので、特にルールがあるわけではありません。

自分で振り返ったときに、経営状況がわかるような書式であればよいのです。

経営状態の把握

事業は、成長し継続していくことが大切です。

管理会計は、事業の成長・継続（ときには改善）のために重要な指標を分析し、経営に役立てるためのものとなります。ルールがないため、当然ですが、それぞれの会社で適切な方法は各々異なります。

店舗単位や売上・原価など細かい区分で実施することによって、現在の経営状況が把握することができます。

大まかに言ってしまえば、PDCAを回していくための資料になり得るものです。

税務会計と近い部分もありますが、あちらは会社単位。こちらは事業単位、店舗単位、売上単位など、その時々の必要に応じて行うことになります。

簡単な例を図表5に示しましょう。

売上高や原価などの大きなくくりで考えるのではなく、KPI（重要業績評価指標＝Key Performance Indicator）までブレイクダウンするのがポイントです。

何か施策を実行する際に、KPIを設定し、営業の数値が想定どおりいくかどうか測ることも、管理会計ではとても重要になるからです。

【図表5　経営状態の把握例】

■損益計算書
・確定申告に用いるもの
・経営陣が1年の成績を把握

5月 (単位:千円)

勘定科目	
売上高	10,000
売上原価	3,500
売上総利益	6,500
販管費	5,000
営業利益	1,500
営業外収益	50
営業外費用	200
経常利益	1,350
特別利益	0
特別損失	100
税引前当期純利益	1,250
法人税等	550
当期純利益	700

■店舗別損益
・店舗は営業利益までを管理
・マネージャー会議で使用

A店舗	B店舗	本部
4,000	6,000	0
1,500	2,000	0
2,500	4,000	0
1,800	2,200	1,000
700	1,800	△ 1,000
0	0	50
0	0	200
700	1,800	△ 1,150

■A店舗の管理会計
・現状を分析して対策を打つ
・店舗のマネジメントに使用

項目	前年(5月)	当年(5月)	コメント
売上高	3,196	4,000	
客単価（円）	4,700	5,000	
客数（人）	680	800	ドリンク特売企画で客数増加
客席数	20	20	
販売可能席数(31日)	620	620	
回転率	1.10	1.29	客数増による回転率アップ
料理売上	1,870	2,200	
客一人あたり(円)	2,750	2,750	
飲料売上	1,326	1,800	
客一人あたり(円)	1,950	2,250	ドリンク特売企画で注文数増
売上原価	980	1,500	
	30.7%	37.5%	
フード	720	850	
	38.5%	38.6%	
ドリンク	260	650	
	19.6%	36.1%	特売により悪化
売上総利益	2,216	2,500	増益

ドリンク特売キャンペーンによる需要喚起策を実施。

5月は例年客数が落ち込んでいたが、企画によって客数が増加した。原価率は悪化したが増益となった。

キャンペーンは「効果あり」と結論づけた。

4　財務諸表の種類と構造

財務諸表とは

さて、ここまで基本的な会計知識について触れてきましたが、ぜひ覚えていただきたいのが、財務諸表についてです。

財務諸表とは、会社の利害関係が伴う人たちに経営状況等を示すための書類のことです。その中でも、貸借対照表・損益計算書・キャッシュフロー計算書が特に重要な書類とされており、これを「財務３表」と言います。

財務３表について

まず作成するのが、「貸借対照表（B/S)」と「損益計算書（P/L)」ですが、その構造を説明します。B/SとP/Lは、２つでワンセットです。必ず合わせて考えましょう。

１つの取引で中身がP/LとB/Sにまたがる場合もあります。仕訳が密接に結びついていることから、取引の様々な場面でその二面性を映すことになります。取引の二面性については、後ほど詳しく触れます。

さて、それに加えて、絶対に作成したほうがよいのが「キャッシュフロー計算書」です。キャッ

【図表６　財務諸表の仕組み】

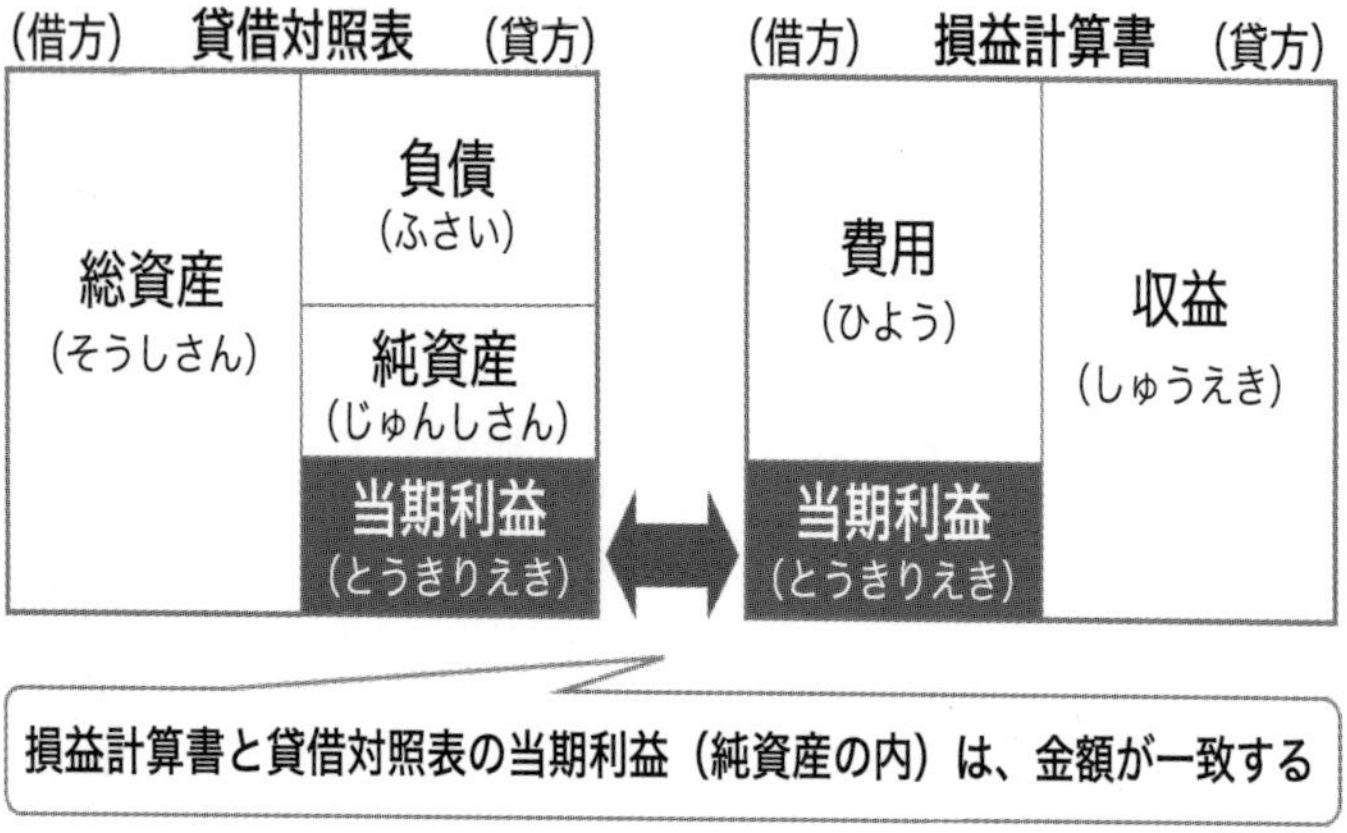

【図表７　キャッシュフロー計算書の仕組み】

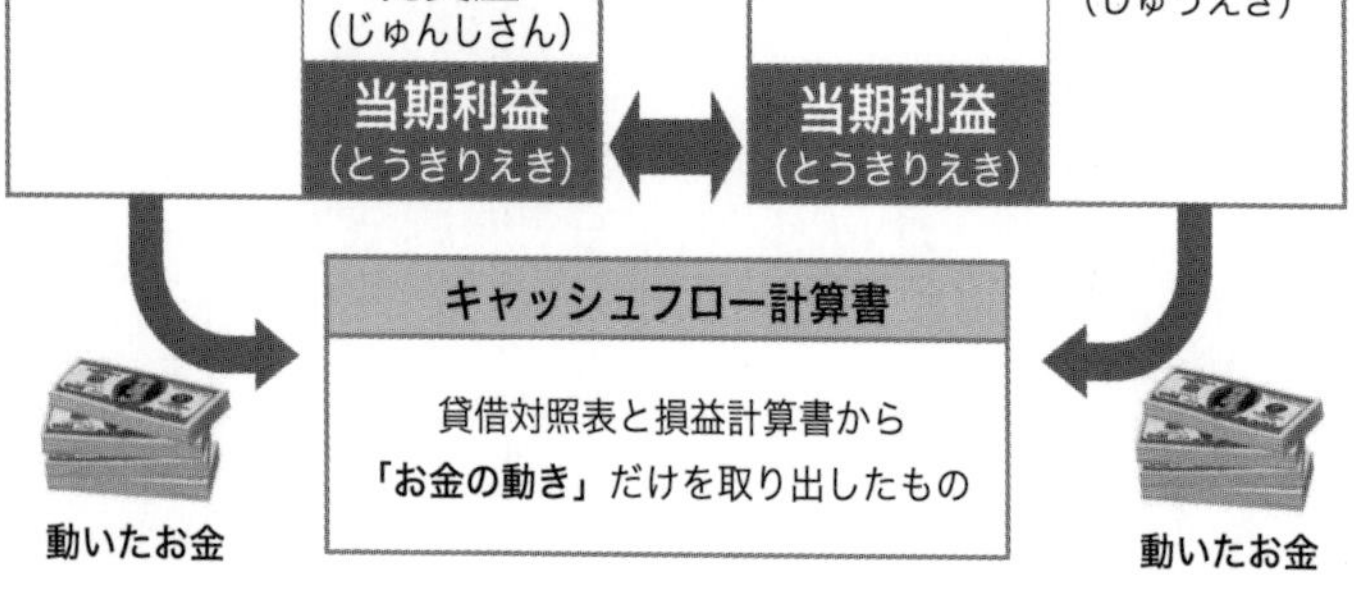

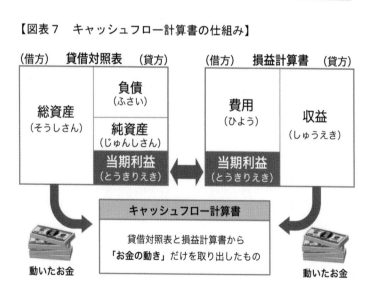

シュフロー計算書とは、読んで字のごとく、「お金の流れを把握する」計算書になります。これは、最近のクラウド会計ソフトなら自動で計算できますが、昔ながらの会計システムだと手計算になります。

これら財務3表は、会社の経営状況を把握するだけではなく、会社がどれくらい儲ける力を持っているか、また経営と投資のバランスはどうかなどを客観的にはかる指標にもなります。

私は、個人事業主であったとしても、これらの財務3表をつくることをおすすめしております。

5　取引の二面性と仕訳の基礎

取引の二面性とは

取引の二面性という言葉が前項で出てきましたが、飲食店経営では日常茶飯事に起こります。

取引の二面性とは、お金やモノなどの増減に対する「原因」と「結果」が同時に起こることです。

例えば、お客様2名で現金1万円の支払いを受けた場合、「料理やサービスを提供した」という原因と、「代金を受け取った」という結果が生じます。

他にも、来月末払で1万円分の仕入を行った場合、「材料を仕入れた」という原因に対し、「来月1万円支払う約束が発生した（これを買掛金と言います）」という結果が生じます。

1つの取引の中に2つの要素が含まれているということです。

【図表８　仕訳、取引の二面性】

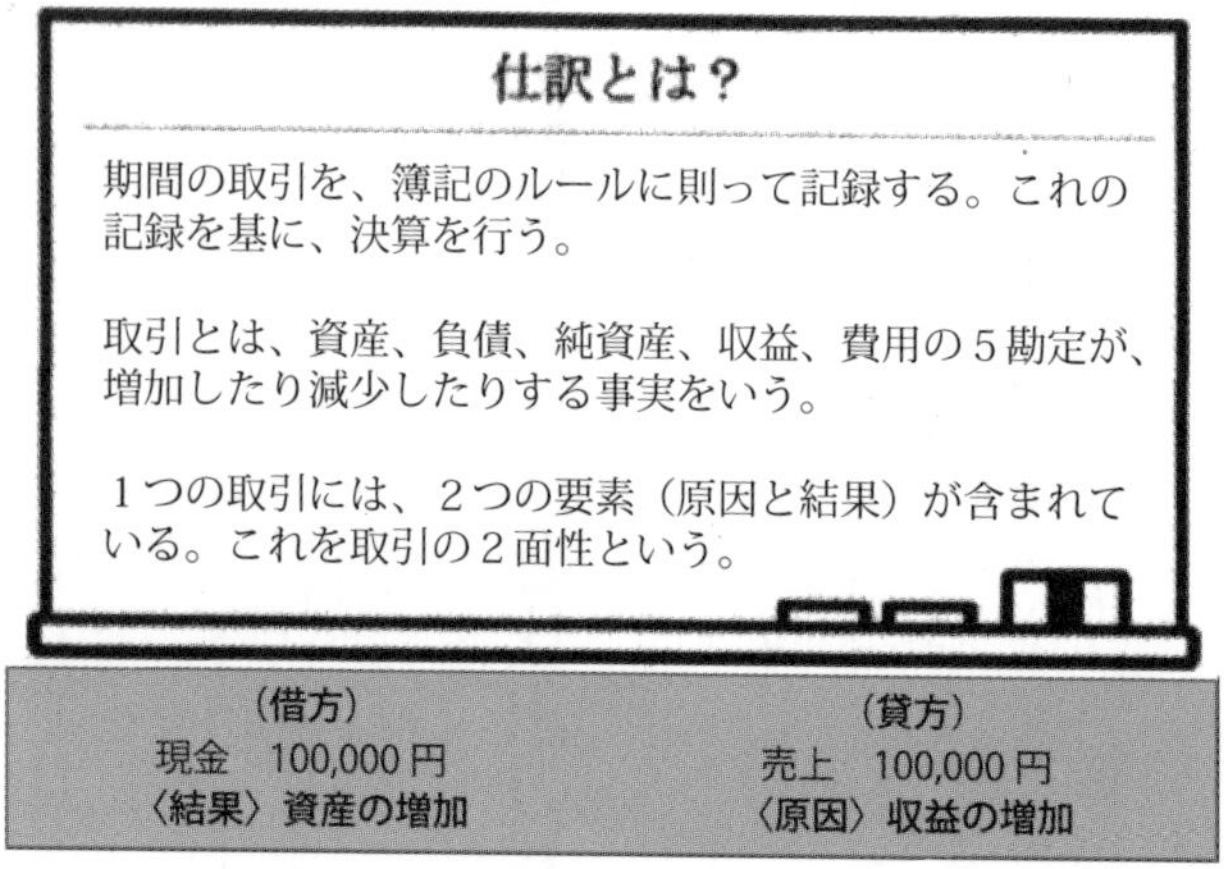

仕訳とは？
期間の取引を、簿記のルールに則って記録する。これの記録を基に、決算を行う。
取引とは、資産、負債、純資産、収益、費用の５勘定が、増加したり減少したりする事実をいう。
１つの取引には、２つの要素（原因と結果）が含まれている。これを取引の２面性という。
（借方）
現金　100,000円
〈結果〉資産の増加
（貸方）
売上　100,000円
〈原因〉収益の増加

複式簿記は、この原因と結果の二面性を帳簿に記帳します。つまり、仕訳に関しても、取引の二面性を記載する必要があるということなのです。

6　貸借対照表と損益計算書を理解する

会計の基本的な考え方が理解できたところで、賃借対照表と損益計算書について詳しく解説していきます。

この２つを読み解くことができなければ、経営の舵取りは難しいと言わざるを得ません。

まずは賃借対照表からです。

貸借対照表について

貸借対照表とは、一定時点の財政状態を表すものです。表の左側（借方）に資産、右側（貸方）に負債と純資産があり、借方と貸方の金額は一致します。貸借で対照なので（バランスしているので）貸借対照表（バ

【図表９　貸借対照表の仕組み】

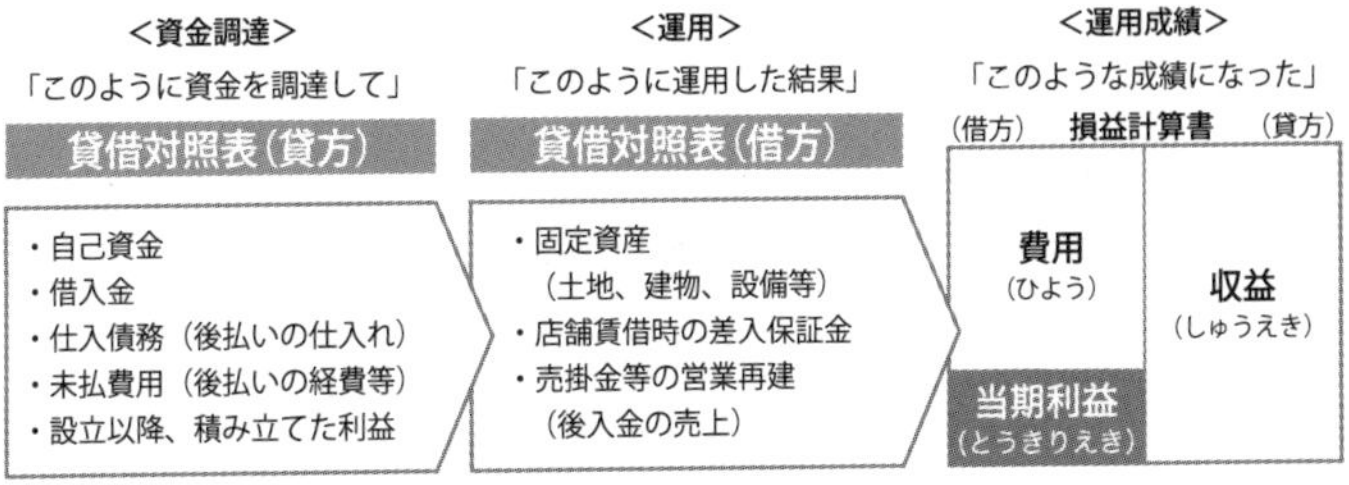

【図表10　貸借対照表とは】

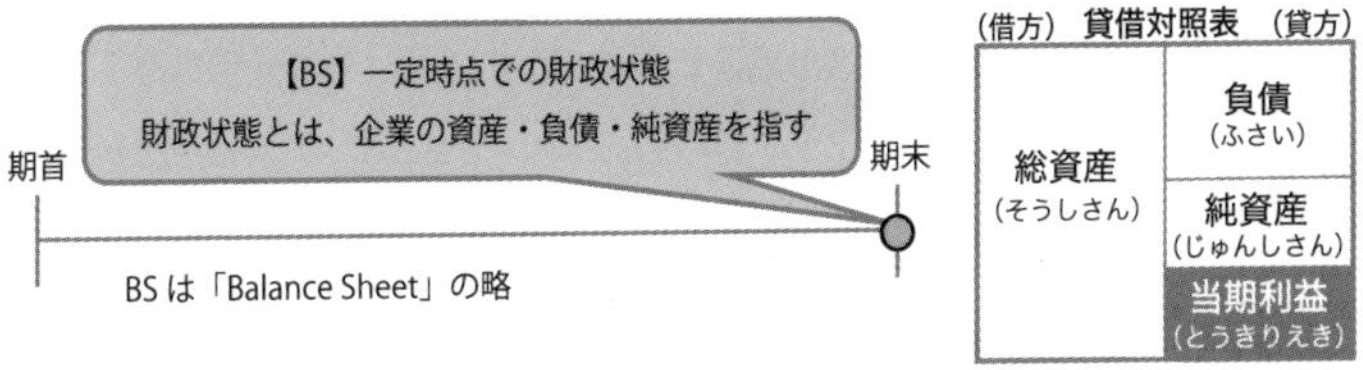

ランスシート）と言います。

貸方が調達、借方が運用というイメージです。自己資金を含め調達した資金を運用している内容が、借方の資産になっています。その運用成績が損益計算書です。

一番イメージしにくいのが純資産ですね。一般的な書籍だと「資産から負債を引いたもの」と書いてあります。私は、調達に含まれると考えています。自己資金（資本金）は、オーナーや株主からの出資ということで、紛れもない調達です。

繰越利益剰余金は、設立以降に積み上げてきた利益総額を意味しているので、これを自己調達（これまでの経営によって獲得してきた資金）と考えるとイメージが湧くと思います。

よって、図表９の構造が成り立ちます。経営成績の利益は、B/Sの純資産として積み上がっていきます。

【図表 11　貸借対照表の構造】

貸借対照表の構造

①資産の部（借方：表の左側）	企業が所有する現金や設備を記載する欄。調達した資金の運用状況を示すイメージ。
② 負債の部（貸方：表の右上）	後払い仕入代金（買掛金）や、銀行借入金等の調達資金を記載する欄。他社から行った資金調達のイメージ。
③ 純資産の部（貸方：表の右下）	資本金や、過去の利益の積み上げを記載する欄。自己調達のイメージ。

勘定科目	金額	勘定科目	金額
流動資産・・・A	350	流動負債・・・D	350
現・預金	100	買掛金、支払手形	200
売掛金、受取手形	200	未払金　等	150
棚卸資産（在庫）　等	50	固定負債・・・E	2,000
固定資産・・・B	3,150	長期借入金	1,000
（有形固定資産）	2,500	社債　等	1,000
土地	1,500	負債・・・F=D+E	2,350
建物、機械・装置　等	1,000	資本金・・・G	300
（無形固定資産）	600	資本準備金	0
保証金・敷金　等	600	利益剰余金・・・H	850
（投資その他の資産）	50	純資産・・・I=G+H	1,150
資産合計・・・C=A+B	3,500	負債・純資産合計・・・F+I	3,500

【図表 12　貸借対照表の資産と負債】

資産とは？

①流動資産	流動性の高い資産。現金、売掛金、受取手形、商品、原材料など。
②固定資産	長期にわたって使用される資産。 （１）有形固定資産 建物、機械装置、備品、車両など （２）無形固定資産 電話加入権、会員権など （３）投資その他の資産＞ 差入保証金、敷金など

負債とは？

①流動負債	一般に、短期（1 年以内）に支払うべき負債。買掛金、支払手形、未払金など。
②固定負債	長期にわたり（１年を超えて）返済される負債。 金融機関の借入金が代表的な負債。 その他、社債、役員からの借入金など

「人は資産」と言われるがB/Sには計上されない

よく「人は資産」と言われますが、会計では「人件費は費用」なのでB/Sには乗ってきません。話は、会計から逸れますが、人＝組織＝お店に蓄積された技術やブランド、組織文化などは、こうした数字には現れないけれどとても大切なものです。そうした意味で資産と呼ぶ人はいますが、この考え方は一理あると私は思っています。

ハードとソフトという言葉もありますが、B/Sの資産の多くはハードです。内外装だけ立派なお店は老朽化や時代の変化によって、容易に陳腐化します。浸透した理念や文化、スキル、ブランド、技術などのソフトを蓄積していくことで、他店には真似のできない差別化が出来上がるものです。

損益計算書について

損益計算書（P/L）は、一定時点の経営状態を表すものです。P/Lのポイントは、段階的に利益を出すことです。5つの利益、6つの指標がありますが、それぞれの利益で意味合いが異なってきます。これを理解しておくのが損益計算書を見る上で重要です。

5つの利益、6つの指標

それぞれの額も重要なのですが、売上比率にすることで指標として活用できます。

① 売上高（利益とは違いますが）＝お客様からの評価

【図表 13　損益計算書とは】

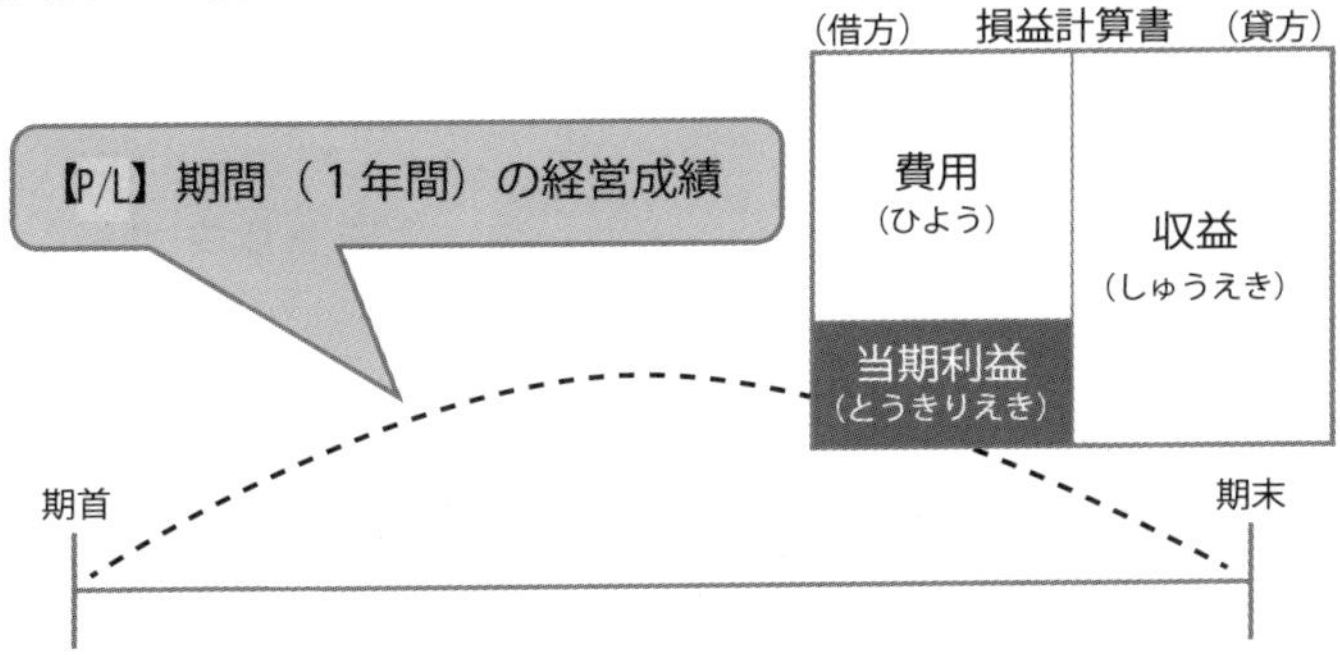

公式	利益　＝　収益　-　費用

P/L は「Profit and Loss Statement 」の略

どれだけのお客様に利用してもらったか、どれだけのお金を使ってもらったのか

② 売上総利益（率）

お店、料理、サービスなど、商品収益性の高さ。売上総利益率（粗利率）が高いということは、商品の収益性が高いということ。高単価な業態ほど利益率が高くなりやすく、低単価な業態ほど低くなりやすいです。

・売上利益率（％）＝利益÷売上高×100

③ 営業利益（率）

売上総利益から、オペレーションコスト（販管費）を除いた利益で、「店舗（＝事業）」の経営成績を表しています。

料理やサービスを提供する店舗運営費一式が販管費で、家賃、人件費、広告や販促などのプロモーション、水道光熱費等が含まれます。

・営業利益率＝営業利益÷売上高×100

④ 経常利益（率）

【図表 14　損益計算書の仕組み】

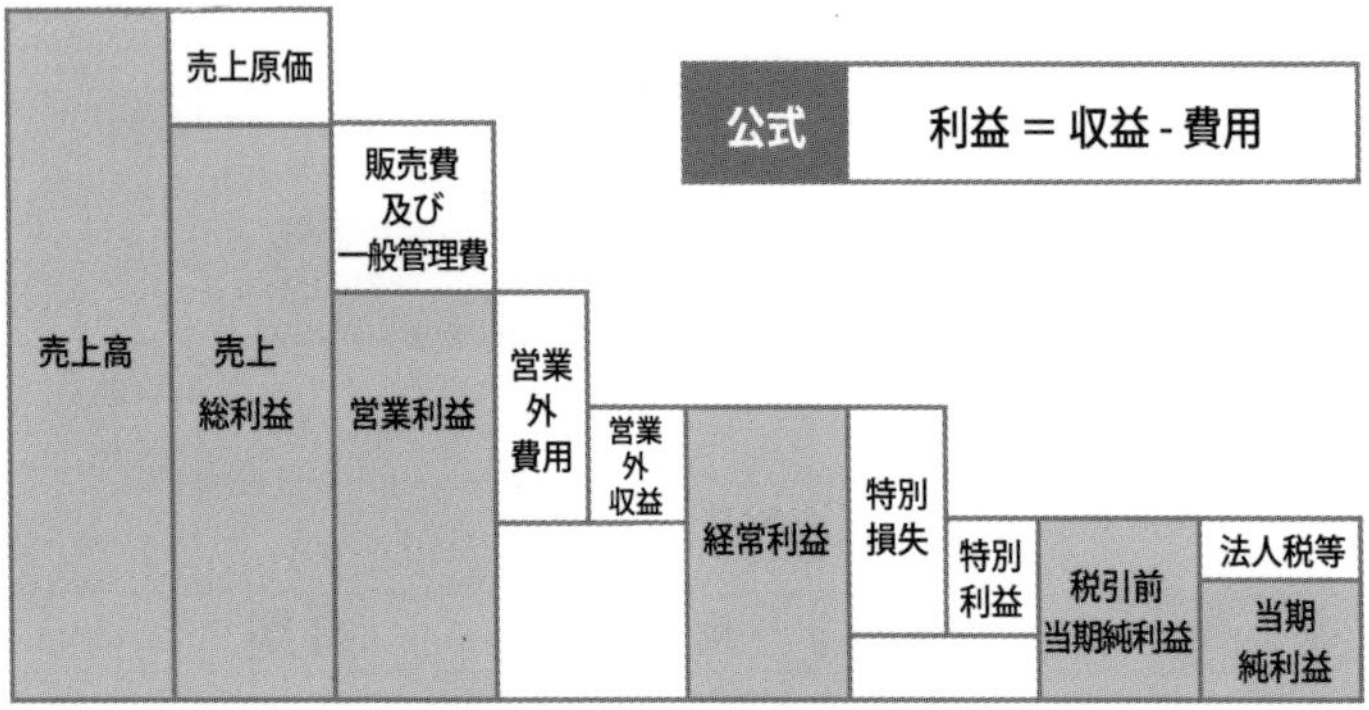

損益計算書の構造

勘定科目	金額	計算式	説明
売上高	100	A	1年間（月次決算は1ヶ月）の売上高
売上原価	30	B	仕入れた食材
売上総利益	70	C=A-B	売上から原価を除いた利益　※粗利益
販売費及び一般管理費	40	D	事業経費（給料、家賃、通信費等）
営業利益	30	E=C-D	事業活動によって獲得した利益
営業外収益	5	F	預金の利息、賃料収入など
営業外費用	10	G	支払利息、店舗経費外の費用
経常利益	25	H=E+F-G	経営全般によって得た利益
特別利益	2	I	一時的な収入（協力金、補助金など）
特別損失	2	J	一時的な損失（台風の修繕など）
税引き前当期利益	25	K=H+I-J	経常益から特別損益を加減算した利益
法人税等	10	L	法人税など
当期純利益	15	M=K-L	最終的な利益

営業利益に、オペレーションとは関係ないが、経営上で発生している収益や費用を反映させた利益。資本コストが含まれるため、調達と運用まで含めた経営成績といえます。

例えば、お店に携帯電話のアンテナを設置して報酬を受け取ったとか、銀行の受取利息などが営業外収益。

営業外費用の主なものは、資本コスト（銀行借入の調達コスト）である支払利息です。

⑤　税引前当期純利益

災害による修繕や助成金など、経常的に発生しない収益と費用を反映させた利益です。

⑥　当期純利益

法人税等を控除した利益で、最終成績となります。これがB/Sの繰越利益剰余金として積み上がっていきます。

飲食店の営業利益は20％出ていれば優秀

飲食店では、営業利益が20％出ていれば優秀といってよいでしょう。

加えて、飲食店として重要なのが、FL（RPE）コストです。

それぞれ、「F＝フードコスト（原価）」「L＝レイバーコスト（人件費）」「R＝家賃関係」「P＝広告宣伝費、販売促進費」「E＝水道光熱費」となります。

この中でも、FLRによって収益構造（利益を出すための儲けの仕組み）のほとんどが出来上がりますから、計画したFLRと実績が大きく乖離していないか、常に気を配ることが重要です。

7　損益計算書と貸借対照表の正しい見方

損益計算書と賃借貸借表がどんなものかわかったところで、これらの正しい見方、そして正しい指標についても解説しておきます。

財務諸表を用いた様々な分析指標

財務諸表を用いた分析指標はいろいろあります。中でも、損益計算書（P/L）の分析指標の代表格が前述の「売上高利益率」です。

貸借対照表（B/S）を用いた指標は、主に財務の安全性を分析するものです。「自己資本比率」「固定長期適合率」が大事になってきます。

自己資本比率は、安全性指標の代表格で、総資産に対する自己資本の割合です。自己資本比率は30％以上が望ましいです。

・自己資本比率（％）＝自己資本（純資産）÷総資産×100

他人資本である借入金などが増えれば、その分返済が増えることになり、少しの業績不振でも継続が危ぶまれる状況に陥ります。安定度をはかるためにも自己資本比率は、少なくとも20％はキープしましょう。

固定長期適合率は、固定資産など長期的の運用を長期的な調達資金で賄っているかを表す指標です。目安は１００％以下になります。

・固定長期適合率（％）＝固定資産÷（自己資本＋固定負債）×100

資産にお金を投じるということは、長期的に資金を寝かせるということであり、それは返済義務のない自己資本か、同様の期間で返済する借入金で賄うべきということです。

例えば、出店時に家主さんに預ける保証金（敷金）がありますが、閉店して撤退するまで返還されません。１，０００万円を保証金として預けるとして、それが1年後に返済を要する短期借入金だったらどうでしょう。資金繰りが厳しくなるのは目に見えています。

B/SとP/Lの両方を使った指標もたくさんありますが、専門書に譲るとして、今回は割愛します。代表的なものとして、固定資産回転率は、投資効率を分析します。

財務諸表がわかれば店舗全体の状況をつかむことができる

財務諸表を見ることができると、現状の財務状況が適切なのかどうかや、経年推移によりどのように変化しているのかがキャッチできます。大きい視点から、より詳細な視点へのブレイクダウンしていくのが分析の基本です。詳細から見ていても全体像がわかりません。木を見て森を見ずの状態になります。

大切なのは、財務諸表で全体像を把握し、異常を検知した部分をブレイクダウンして、ここは管理会計を使って問題の特定をする。そして、具体的でピンポイントな対策を打つことです。

こういった対策ができるようになるのが、財務諸表を読むことのメリットです。森の広がりを想定しながら木を育てていくということですね。

8　収支と損益の違い

利益は、損益計算書から計算され、お金の動きとは多少異なってきます。お金の動きは「収支」と言います。P/Lの利益には、お金の動き（入金や出金）が伴わないものが意外に多くあります。

具体的な収支例

ある日の営業で考えてみましょう。ここでは、売上と仕入だけの簡単な例でイメージをつけます。

・50万円売上があったが、そのうち30万円はクレジットカードで決済され、20万円は現金で受け取った。

・当日の仕入として15万円分の食材を購入したが、10万円は翌月末払いとし、5万円は現金で支払った。

この場合の損益と収支は、図表15のとおりです。

利益と収支が大きく異なっていますね。この場合、利益よりも収支（お金）が少なく、見た目以

【図表15　ある日の営業の売上と仕入例】

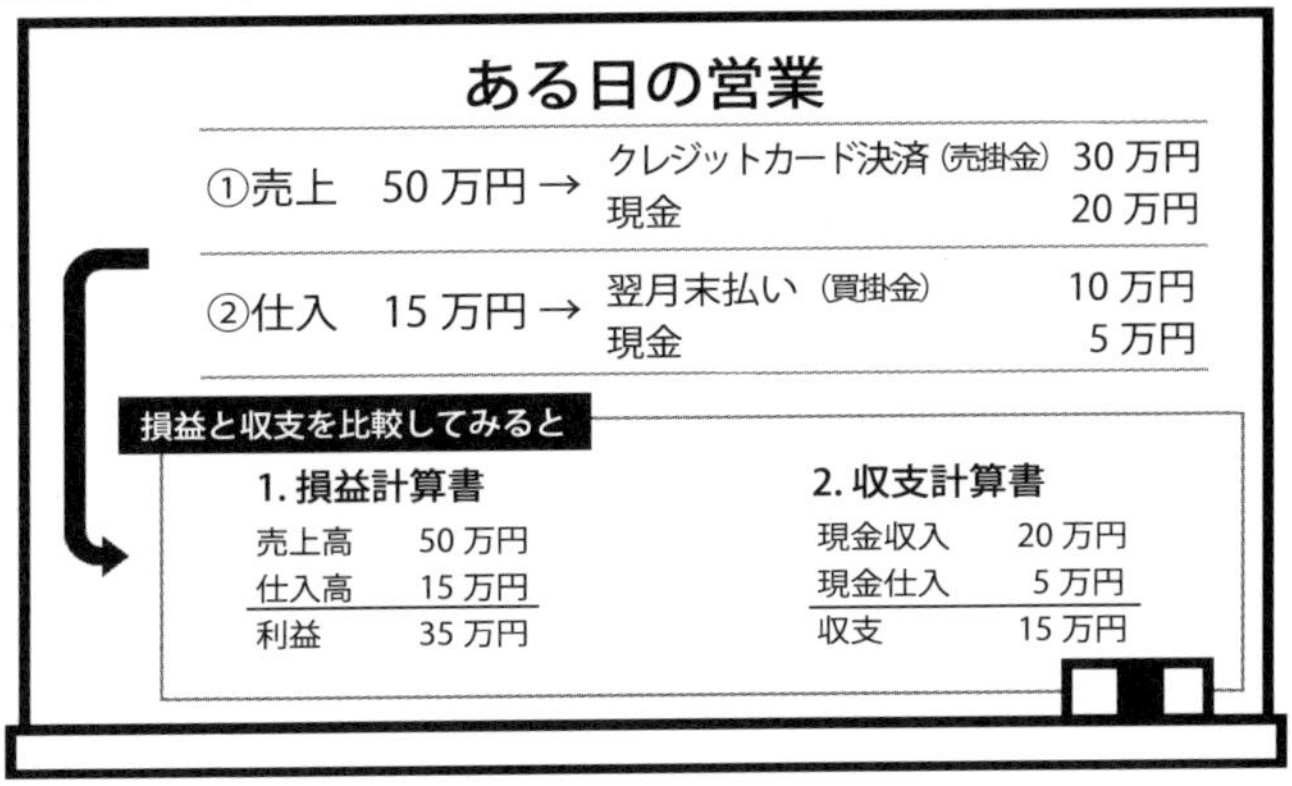

上に資金繰りがよくないことがわかります。

飲食店は、意外とクレジットカード決済も多いです。その入金は、月2回程度になるため、間を埋める運転資金が必要になります。

このケースでは、とある1日の収支と利益を見ていきましたが、1か月、1年で考えると大きく利益と収支がずれることも想像がつくでしょう。

つまり、利益だけを見ていたのでは、現実の資金繰りが回せないのです。

電子決済やクレジットカード決済を含んだ収支に注意

昔は、飲食店は現金商売なので資金繰りが楽と言われていましたが、クレジットカード決済が増加していることに加え、電子マネーやQRコード決済等、その他のキャッシュレスな決済方法が増えています。

政府がキャッシュレス化を促進していることもあり、今後はますます増えていくでしょう。そうなると、ますます

【図表16　減価償却費とは】

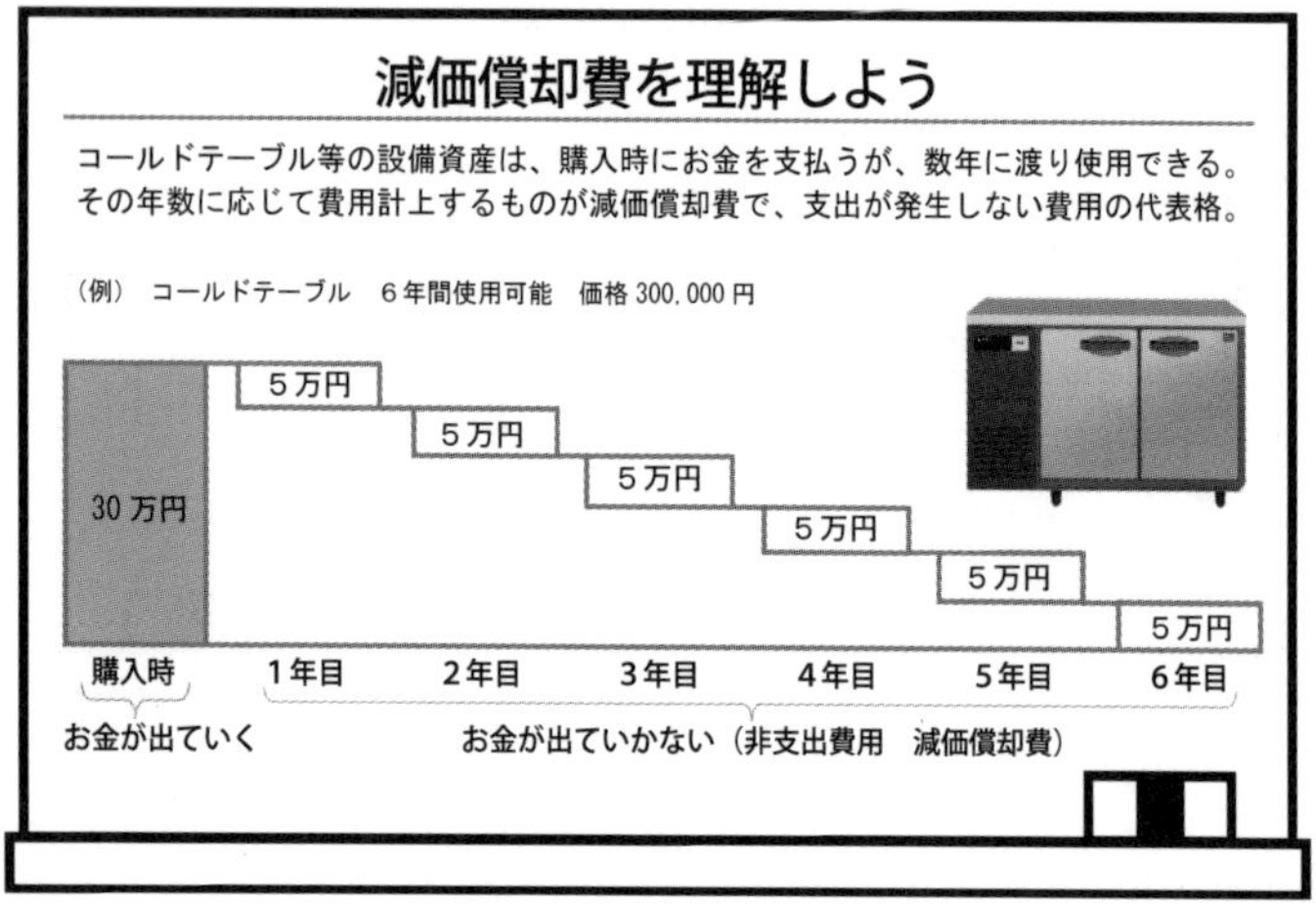
減価償却費を理解しよう
コールドテーブル等の設備資産は、購入時にお金を支払うが、数年に渡り使用できる。
その年数に応じて費用計上するものが減価償却費で、支出が発生しない費用の代表格。
（例）　コールドテーブル　6年間使用可能　価格300,000円
30万円
5万円
5万円
5万円
5万円
5万円
5万円
購入時
1年目
2年目
3年目
4年目
5年目
6年目
お金が出ていく
お金が出ていかない（非支出費用　減価償却費）

収支の把握が重要になります。

加えて、P/Lには、支出を伴わない費用があり、その代表格が減価償却費です。

減価償却費については、次項で解説していきます。

9　減価償却費とは

減価償却費

減価償却費は、非支出費用（支出を伴わない費用）の代表的なもの。数年に渡り使用する資産は、その使用する期間に応じて費用化するというものです。

支出額を費用としてしまうと、年度ごとに正しい利益が計測できなくなります。

例えば、投資前の利益が１００万円だったとして、冷蔵庫の取得費用１００万円を費用にしてし

まったら、利益はゼロになってしまいます（冷蔵庫が1年で壊れることは稀ですよね）。

利益が出ていなければ、銀行交渉も難航します。正しい利益を計算するという趣旨で、減価償却費という概念があります。

また、逆のパターンとして、投資額がそのまま費用として認められてしまうと、容易に利益調整ができてしまいます。

簡単には利益を調整できない

ここで悪い人はこう考えるでしょう。「1，000万円のベンツを買って、利益をゼロにすれば税金がかからない」と。しかし、これはできません。

1，000万円のベンツは、新車ならば6年で償却（6年間で費用化）しなければなりません。ましてや1か月しか使用していないならば、減価償却費は14万円程度（1／72）です。節税効果はそれほどないのです。

耐用年数6年とは、「6年間使える」という意味です。この期間は、法定耐用年数として決められています。

前述の例では、耐用年数6年のものを1／72としましたが、これは定額法という計算方法で、現在はほとんどが定率法により計算されます。個人事業主は原則定額法、建物は定額法など、細かい決め事があります。

P/Lには、非支出費用が含まれるという点を踏まえて、経営成績を見ていく必要があります。特に、利益が出ていないから即撤退ということは間違いで、そこは収支（キャッシュフロー）を原則として置くべきです。

簡易なキャッシュフローは、利益＋減価償却費（償却前利益）です。利益がマイナスでも、償却前利益がプラスならば、投資回収はうまくいっておらず赤字投資ですが、お金は回っている状態なので、継続はできるということになります。

10　キャッシュフロー経営のすすめ

キャッシュフロー計算書とは

キャッシュフローは「お金の流れ」を意味します。キャッシュフロー計算書（Cash Flow Statement（C/S））は、P/LとB/Sから作成する財務諸表の1つで、上場企業のみ作成が義務付けられています。

個人事業主であれば1月から12月まで、法人なら会計期間（4月から翌年3月まで等）を通して、何からいくらお金を得て、何にいくらお金を払ったのかをまとめたものです。

P/Lが利益という経営成績を計算するのに対し、収支の計算をするのがC/Sです。資金繰り表も収支を可視化するものという点で同じですが、C/Sは次の点で異なっています。

【図表17　キャッシュフロー計算書とは】

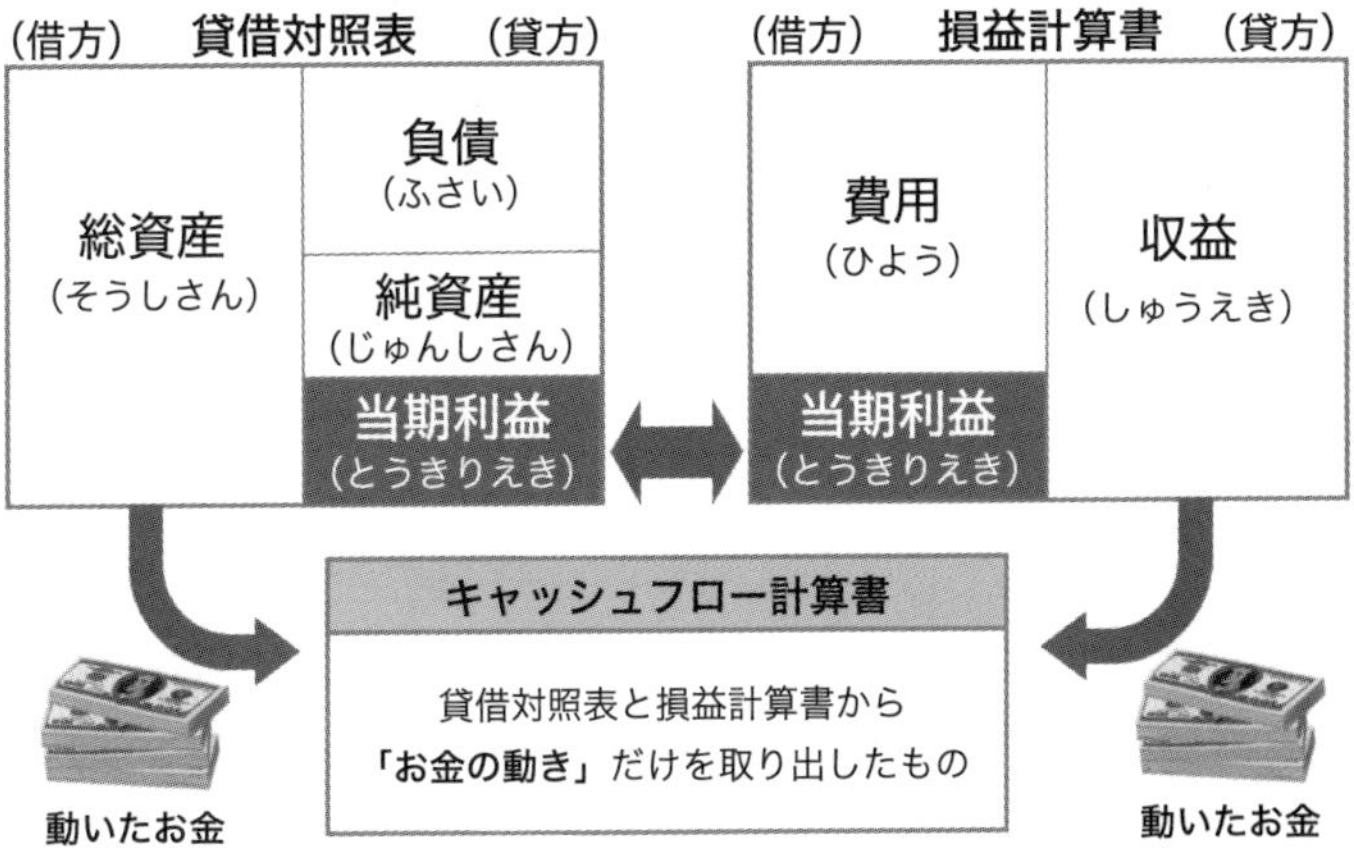

【図表18　キャッシュフロー計算書の構造】

キャッシュフロー計算書の構造

キャッシュフロー計算書は、３つの要素で成り立つ。

① 営業キャッシュフロー
② 投資キャッシュフロー
③ 財務キャッシュフロー

営業 CF と投資 CF の合計を、フリーキャッシュフローと呼ぶ。これがマイナスだと、負債依存が強く、借金無しには経営が回らない状態。

キャッシュフロー計算書のポイント

資金繰り表は、未来の予定を立てるということに重きを置くもの。現預金の収支実績から将来を予測して、資金調達ややり繰りに活かすのが目的です

C/Sは、P/LやB/S同様に経営結果の把握が主目的です

「お金が回るかどうか」という点は、むしろ規模の小さいお店のほうがより重要だと考えています。その意味で、資金繰り予定表の作成は必須でしょう。一般的ではないかもしれませんが、キャッシュフロー計算書をつくることは、後々の経営に役立つことは間違いありません。決算のタイミングでは作成しておきたいところです。

クラウド会計システムでは、キャッシュフロー計算書を自動で作成できるものもあるので、積極的に利用するとよいでしょう。

さて、キャッシュフロー計算書には、次の3つの区分があります。

・営業キャッシュフロー：主に店舗の営業から稼いだお金
・投資キャッシュフロー：主に設備投資などに使ったお金
・財務キャッシュフロー：個人事業主や中小企業では主に銀行の借入と返済

プロジェクトから得られるキャッシュフローには、営業CFと投資CFの合計であるフリーキャッシュフロー（FCF）の概念が使われます。この3つのお金の流れがあるということが重要で、これがファイナンスにもつながっていきます。

創業当時、「自分の理想を実現させるためにお店を出そう」と考えたと思います。ここに加えて、「うまくいって儲けたい」という強い意思も持っていたはず。それは、利益ではなくてお金ですよね。だったら利益じゃなく、お金を稼ぐということを前提に置きましょう。

おっと、ここで「利益≠お金」でピンと来なかったら要注意。もう1度、利益とお金の違い（損益と収支の違い）のページを復習してください。そして、利益を出したいのか、お金を稼ぎたいのか、自分の意思を明確にすることをおすすめします。

加えて、事業計画も、利益計算だけではなく、予定資金繰りを作成して、年度の調達計画をしっかり考えて銀行交渉に臨むとともに、実績を見ながら予定をローリングして、資金ショートを起こさないようにマネジメントするということです。

繰返しになりますが、「利益を出す」ことよりも「お金を稼ぐ」ということを重視して考えましょう。そのためにキャッシュフロー計算書を使い倒すという感覚です。

P/L・B/S・C/Sの3表すべてを理解しておくことが大切

図表19、20にキャッシュフロー計算書のつくり方を載せますが、これに資金繰りも含めて「キャッシュフロー経営」ということになります。

ここで注意してほしいことがあります。経営はキャッシュフローを前提に考えるべきですが、ではP/LとB/Sはおまけかというとそうではありません。

【図表19　キャッシュフロー計算書のつくり方①】

キャッシュフロー計算書のつくり方は、直接法と間接法があります。一般に、間接法を用います。

（1）営業キャッシュフロー

税引き前当期純利益に、非支出費用の減価償却費を加算する。そこに、営業外損益、特別損益、運転資本（売上債権や仕入債務など）の増減を加減算して小計を計算する。小計に、営業外損益以下の収支を加えて、営業キャッシュフローを計算する。

【図表20　キャッシュフロー計算書のつくり方②】

（2）投資キャッシュフロー

固定資産の増減に、減価償却費や固定資産売却損益等の影響を加えて計算する。

（3）財務キャッシュフロー

新規借入金や借入金返済を、負債の増減（長期借入金等）として計算する。

（4）現預金の増減

3つのキャッシュフローを総計する。

【図表 21　財務３表】

▪貸借対照表

勘定科目	X-1年	X年	勘定科目	X-1年	X年
資産の部			負債の部		
流動資産	150	195	流動負債(買掛金等)	f' 45	f 50
現預金	100	140	固定負債(借入金等)	h' 100	h 80
売上債権(売掛金)	e' 50	e 55	純資産の部		
固定資産	g' 100	g 80	純資産	105	145
資産	250	275	負債・純資産	250	275

▪損益計算書

勘定科目	X年	
売上高	500	
売上原価	200	
売上総利益	300	
販管費	250	
（内　減価償却費）	30	b
営業利益	50	
営業外費用(支払利息等)	10	c
経常利益	40	
税引前当期純利益	40	
法人税等　※1	0	
当期純利益	40	a

※1　簡素化するため法人税はゼロとする

▪キャッシュフロー計算書

科目	計算式	X年
I. 営業キャッシュフローの部		
税引前当期純利益	a	40
減価償却費	b	30
営業外費用	c	10
売上債権の増減	-(e-e')	-5
仕入債務の増減	f-f'	5
小計		80
営業外費用（支払利息等）	-c	-10
営業CF	O	70
II. 投資キャッシュフローの部		
固定資産の増減	-(g-g'+b)	-10
投資CF	I	-10
III. 財務キャッシュフローの部		
固定負債（借入金）の増減	h-h'	-20
財務CF	F	-20
フリーキャッシュフロー	O+I	60
現預金の増減	O+I+F	40

① 貸借対照表の現預金の増減 (40)　＝　X 年の現預金 (140)　－　X-1 年の現預金 (100)

② キャッシュフロー計算書の現預金の増減 (40)

①と②は必ず一致します

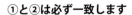

銀行から借り手につけられる債務者区分は、主に「P/Lの利益」と「B/Sの純資産」から評価されます。要は、経営状況や財政状況によって、銀行から点数をつけられるということです。これが融資に多大な影響を与えるのです。融資をうまく受けられないとキャッシュフローが悪化します。財務CFの増減がマイナスに偏るからです。つまりこの3者はすべてつながっているのです。

このように、キャッシュフローだけ見るのではなく、P/LやB/Sを含めた財務3表を使って経営を俯瞰するようにしましょう。最終的には「お金を稼ぐ」ことを念頭に起きつつ、基本のP/LとB/Sは理解しておくことです。

さらに言うと、キャッシュフローを理解することが、ファイナンスの入口に立つことでもあります。ファイナンスは、未来の「お金」にフォーカスするからです。

なお、間接法を用いたキャッシュフロー計算書も参考のために置いておきます。

このキャッシュフロー計算書は、様々な情報を与えてくれます。例えば、営業CFを上回る投資CFがあり、フリーCF（投資CF＋営業CF）がマイナスの場合、行過ぎた投資を心配する必要があります。この場合、資金調達（プラスの財務CF）に依存したケースが多いでしょう。しかし、問題は計算が簡単ではないことです。図表21のキャッシュフロー計算書（間接法）を見て、すんなり計算できる人はそういないでしょう。だからと言って諦める必要はありません。これから解説する出店などのプロジェクト評価は、P/Lの利益から算出する簡易キャッシュフローを用いれば十分だからです。ここでは、正式なキャッシュフロー計算はこんなものなのだ、と理解する程度で構いません。

第4章　財務リテラシーを身につけることが「負けない飲食店」への近道

第3章では店舗運営に欠かせない会計の基礎知識をお伝えしました。しかし、店舗運営を成功に導くためには、それだけでは足りません。

店舗運営をより長期的に成長させていくために必要なのが、「財務リテラシー」です。財務リテラシーとは、財務諸表などを見ることができるだけではありません。

財務状況を見ながら、将来にわたってどんな策を打つことが重要なのか、それを考えて決めることも含まれます。

財務リテラシーを本当の意味で身につければ、店舗運営に足りない「穴」や「やるべきこと」が見えてくるはずです。

本章では、店舗運営を成長させていくのに必要な「財務の考え方」を中心にお伝えしていきます。この考え方をまずはインプットしてみてください！

1　未来を考える「ファイナンス思考」

ファイナンス思考とは

店舗運営を考える上で大切なことの1つに、「ファイナンス思考」が挙げられます。

私が考えるファイナンス思考とは、「未来の事業価値に着目して経営するという考え方」のことを指します。

過去を見るのが会計（アカウンティング）だとすれば、未来を見るのは財務（ファイナンス）の役割。

過去の正しい理解があって、正しい未来を読むことができます。

そして、現時点を正しく迅速に確認するならば、会計のデジタル化は必須でしょう。

ファイナンス思考が与えるメリットを、私は次のように考えています。

ファイナンス思考がもたらすメリット

ファイナンス思考がもたらすメリットは、次の諸点です。

・飲食店の出店や改装にかかるお金を、資金を投じる「投資」として明確に捉えることができる。
・「自己表現のために営業する」というぼんやりした目的から、投資に対するリターンを得るという明確な目的を持つことができる。
・投資に見合ったリターンを得るために、行き過ぎた初期投資を抑えることができる。
・決算による足元の数字ではなく、未来を考えることで成長意欲が湧く。
・教育に用いることで優秀な人材が育つ。

つまり、「成功したい」「毎日8割くらいのお客様に来て欲しい」「1年後に2店舗目を出したい」というような、「何となく成功したい」というあいまいな目標から、「目標利回り10％を達成するために、6か月後に月間で○人お客様が入るようにする」という定量的な目標に落とし込むことができます。

目標はより細かく、かつ「見える化」

私は、目標はより細かければ細かいほどよいと思っています。

また、このファイナンス思考は、従業員育成にも大いに役立ちます。

よく陥りがちな課題として、次のような項目が挙げられます。

・店長等の現場は、日々の営業をうまく回すためにオペレーション志向になる。
・店舗デザインなどの部門は、自己表現（やりたいことをやりたい）に陥る。

しかし、出店プロジェクトなどをリターン（利回り等）で語ることができれば、「何をやるべきか」の判断が明確になります。

その結果、従業員皆が経営者と同じ視点で考えられるようになり、自分がどのように動けばいいか自ずと判断できるようになるのです。

店舗投資の目的が目標利回りの達成であるならば、役割が異なってもゴールを目指して最適化することができるでしょう。

店舗運営に欠かせないのは「見える化」です。この見える化には、「あいまいな部分を数字などではっきりさせる」「非言語で何となく伝えていた部分を言語化してはっきりと目標を伝える」ことも含まれます。

それらを実現するために、ファイナンス思考は欠かせないのです。

2 飲食店経営者にこそ必要な「財務リテラシー」の考え方

財務リテラシーを持つとは

「財務リテラシーが重要そうなことはわかったけれど、でも具体的に財務リテラシーを持つってどういうことから始めればいいの？」――そう思う経営者の方もいらっしゃるでしょう。それも無理はありません。そもそも財務リテラシーを持った飲食店経営者は少数だからです。

結論から言うと、私は、「経営者ならば財務リテラシーは必ず持つべきだ」と断言します。もちろん、他にも、マーケティング目標など注目すべき数字はいろいろとあるでしょう。しかしながら、経営に絶対に必要なものは、「財務リテラシー」だと思います。

財務リテラシーを持つとは、すなわち経営に有用なツールを使いこなすということでもあります。

具体的には次のとおりです。

①　財務３表というツールを理解して、お店の状況、ビジネスの構造を正しく理解することで、事業全体を俯瞰し、現状把握をすることができます。

②　事業計画と管理会計というツールを使ってPDCAを回す

現状把握から目標設定、目標達成、ピボット（方向転換・路線変更）、ターンアラウンド（事業再生）

する能力を養うことにつながります。

③　IRRやNPV等のツールを使って投資に対するリターンを追求する

IRRとNPVについては後述しますが、コストやリスクに見合ったリターンを追求することによって、持続的な成長機会をつくり、未来につながる経営を考えることができます。

財務リテラシーを持つメリットとは

それでは、なぜ、財務リテラシーが必要なのでしょうか。その答えはシンプルです。「お店に見出したポテンシャルを数字の目標として具体化するため」です。

皆さんも次のような状態になっていることはありませんか？

・家業的な経営になっていて、日々食べていくお金を稼ぐのに必死。
・いくら利益を出せば余裕ができるのかわからない。
・いくらキャッシュフローができればよいか明確な目標や基準がない。

このままの状態で経営を続けてしまうと、次のようになることは目に見えています。

・目の前の仕事をこなしても、これが果して適正な利益なのかわからない。
・いつまで経っても余裕のある経営は生まれない。

こうなってしまう原因は、すべて「具体的な数値目標がないから」引き起こされています。逆に言えば、具体的な数値目標を立てることができれば、その目標に合わせて行動が決まってくるのです。

財務リテラシーを持つ大きなメリットは、明確なゴールを設定することができること、と言っても過言ではないでしょう。

一方、財務リテラシーを身につけるということは、銀行のようなステークホルダーと円滑なコミュニケーションをとるためにも必須と言えるでしょう。

上場企業にとっても個人にとっても、銀行は重要なステークホルダーです。よい関係をつくるためには同じ言語で話し合う必要があります。それが会計という言語なのです。

つまり、銀行のように資金で関係しているステークホルダーと良好なコミュニケーション、また信頼関係を築くことは、経営にも大きく影響します。

財務リテラシーをベースに、店舗理念とか想いといったスパイスをかけて自分らしさを表現していくことが、ステークホルダーと付き合うためには大事なのです。

残念ながら、損益計算書だけを見て利益を考える経営者が非常に多く、貸借対照表をしっかり見ている人が少ないのです。つまり、「自分のお店の状態をほとんど理解しないで経営している状態」の人がとにかく多い。私はそう感じています。

3　プロジェクトのキャッシュフローの考え方

この項では、プロジェクトのキャッシュフローの考え方をお伝えしていきます。

前述のとおり、キャッシュフローは「お金の流れ」のことを指します。キャッシュフロー計算書は、損益計算書と貸借対照表から作成する財務諸表の1つで、上場企業のみ作成が義務づけられています。ここでは、キャッシュフロー計算書の中の営業CFと投資CFを使います。財務CFは使いません。

簡易キャッシュフロー計算がおすすめ

ただ、損益計算書は必須としても、プロジェクトごとに貸借対照表をつくるのは手間もかかるため、現実的ではありません。よって、簡易なキャッシュフローを用いるのがよいでしょう。

簡易キャッシュフローとして、次の2つを使用します。

・営業キャッシュフロー＝EBITDA（後述しています）
・投資キャッシュフロー＝0年目は初期投資額、1年目以降は追加投資見込額

1年目以降の追加投資見込みは、計算を簡素化するために参考のExcelには入れていません。簡易な更新や改修が入る場合は、見込みで入れておきます。不明な場合については、新品でつくったばかりの飲食店であれば売上の1％程度、居抜きで古い場合は2％程度を見込んでおけばOKです。もちろん、それぞれのケースで違うので、自社・自店の過去データがあれば、その平均値を持って見込額とすればよいでしょう。

EBITDA（Earnings Before Interest Taxes Depreciation and Amortization）とは、税引前償却前利益のことです。

【図表22　簡単な損益計算書計画とNPV、IRRの計算例】

ハードルレート(割引率)	10%

※各種指標の計算方法は第5章以降に解説

①初期投資額

単位：千円

償却資産	20,000	設備、備品など。評価期間で償却を想定
非償却資産	6,000	敷金、差入保証金など
計	26,000	

②損益と経済価値の計算

科目	前提条件	0年目	1年目	2年目	3年目	4年目	5年目
売上高			45,600	45,600	45,600	45,600	45,600
売上原価	原価率35%		15,960	15,960	15,960	15,960	15,960
人件費	人件費率35%		15,960	15,960	15,960	15,960	15,960
家賃	家賃35万円/月		4,200	4,200	4,200	4,200	4,200
その他経費			2,500	2,500	2,500	2,500	2,500
減価償却費	償却資産÷5年		4,000	4,000	4,000	4,000	4,000
営業利益			2,980	2,980	2,980	2,980	2,980
営業利益率			7%	7%	7%	7%	7%
CF(EBITDA)		-26,000	6,980	6,980	6,980	6,980	6,980
複利現価係数		1.000	0.909	0.826	0.751	0.683	0.621
PV（現在価値）		-26,000	6,345	5,769	5,244	4,767	4,334

NPV	460
IRR	10.7%

「IRR ＞ ハードルレート」のため基本はGo

これは、事業から得られた簡易キャッシュフローを示しています。様々な考え方があり統一された公式は存在しません。ここでは営業利益に償却費を足し戻した金額をEBITDA（簡易キャッシュフロー）としています。

EBITDAを算出するには、簡単な損益計算書計画を作成する必要があります。図表22にイメージを掲載しておきます。

複利現価係数、PV、NPV、IRRと言った謎の単語が並んでいますが、順を追って説明していきますので安心してください。

まずここでは、キャッシュフローを整理しましょう。

投資キャッシュフローについて

まずは、投資キャッシュフローを考え

ていきます。ここで大事なのは、初期投資（イニシャルコスト）をどう考えるかです。

償却資産とは、第3章で解説した減価償却を行う資産のことですが、プロジェクトの期間を耐用年数と仮定して、損益計算書では「減価償却費」として計画します（図表22で言うと、20,000÷5年＝4,000）。

この償却資産と保証金（敷金）等の償却を要さない資産と合わせて、大まかに初期投資（イニシャルコスト）とみなします。これが、簡易な投資キャッシュフローです。

営業キャッシュフローについて

次に、開業後の見込みとして損益計算書を計画し、営業利益まで算出します。ここで不明な点がある場合は、第3章を読み返してください。

営業利益に、支出を伴わない経費である減価償却費を足し戻し、償却前営業利益（EBITDA）を算出します。これが、プロジェクトの簡易な営業キャッシュフローです。

図表22の1年目であれば、営業利益が2，980なので、減価償却費4，000を足し戻して6,980が営業キャッシュフローになります。

この2つのキャッシュフローを用いて、出店プロジェクトを評価していきます。その前に、調達に関する予備知識と、お金の時間価値について理解しておく必要があります。それは、次項で詳しく述べていきます。

4　調達と運用のバランスを崩してはいけない

項目のタイトルから予想がつく方もいらっしゃると思いますが、飲食店に限らず店舗運営において最もやってはいけないのは、「調達と運用のバランスを崩してしまうこと」です。

調達と運用のバランスを図る指標はいろいろとありますが、最もポピュラーなのは自己資本比率です。

■自己資本比率＝自己資本÷総資産×100

自己資本は、貸借対照表の純資産と考えてください。この自己資本比率は、一般的に30％が水準だといわれています。銀行も30％あれば安全性が高いと判断してくれます。

自己資本比率について

図表23を見てください。貸借対照表の借方（左側）が「運用」、貸方（右型）が「調達」だとすると、運用している資産のうち、返済不要な自己資本で調達した割合が「自己資本比率」です。

飲食店創業時は、概ね3分の1を自己資金で、3分の2を借入で初期投資を行うのが一般的なパターンです。要は、このバランスを崩さないようにするということです。

まずは、この「自己資本比率」を30％以上に保つことを念頭に置くのがよいでしょう。

ちなみに、純資産内の「繰越利益剰余金」は、毎期の利益として積み上がっているもの、つまり

【図表23　自己資本比率】

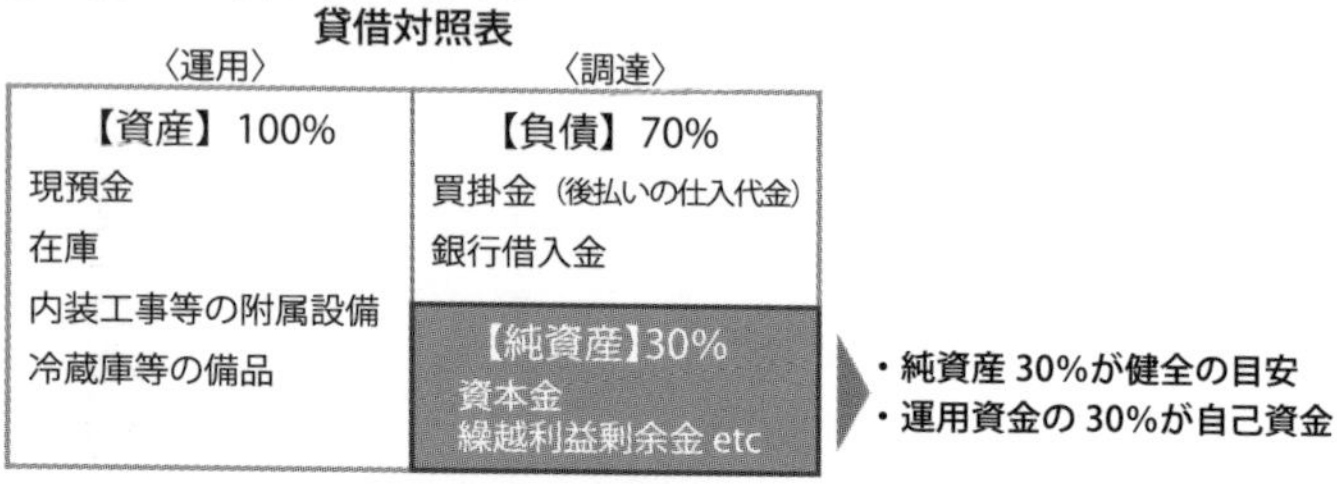

【図表24　資産超過と債務超過】

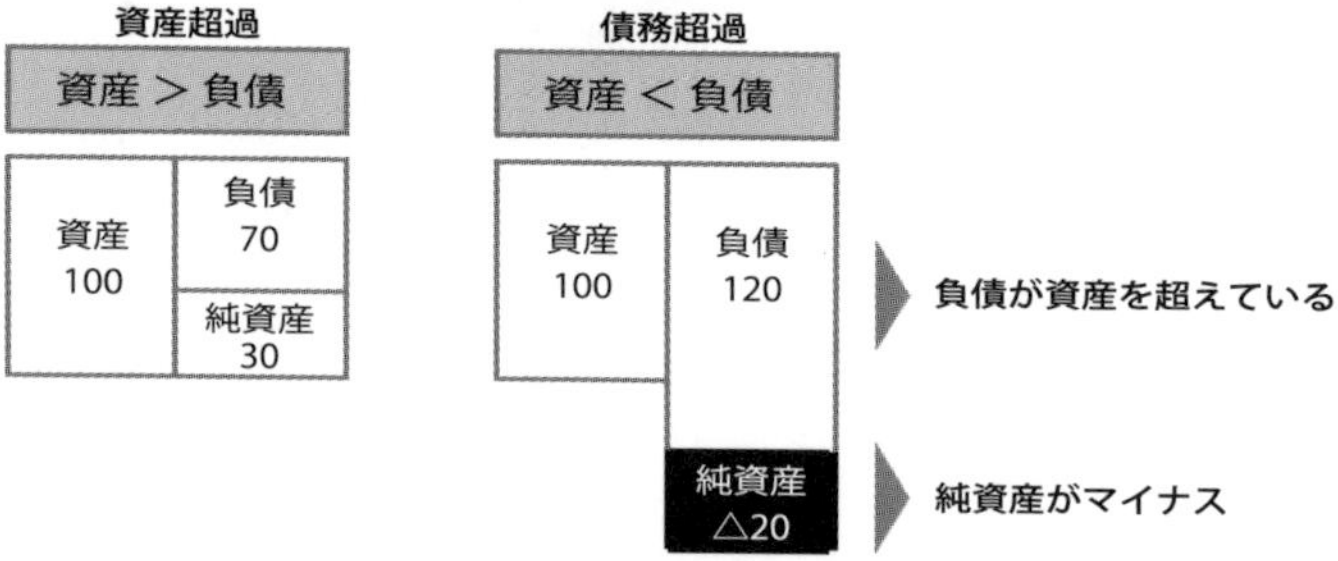

これまでの経営で蓄積された利益を指します。

これは、自分たちで稼いだものですから、自己調達となります。

調達バランスを崩すとどうなるか

さて、調達バランスを崩すとどうなるのでしょうか。わかりやすくするために、まず最悪の場合を見てみましょう。

例えば、図表24が最悪の状態です。自己資本比率が低下してマイナスになり、比率が大きく崩れた状態を「債務超過」といいます。なぜ債務超過が起こるのでしょうか。

一般的には、慢性的な赤字が続いたり、過剰な借入れを行ったりして、調達と運用のバランスを欠いた状態に赤字が重なると債務超過の状態に陥ります。

【図表25　債務者区分のイメージ】

	債務者区分	PL	BS	貸付状況	引当金	引当率
	正常先	黒字	資産超過	約定通り	一般貸倒引当金	0.5%程度
	要注意先	恒常的赤字	実質債務超過	ほとんど約定通り 3ヶ月程度のリスケまで	一般貸倒引当金	3%程度
	要管理先	恒常的赤字	債務超過	3ヶ月を超えるリスケ等	一般貸倒引当金	10%程度
不良債権	破綻懸念先	営業赤字	大幅債務超過	長期延滞	個別貸倒引当金	非保全部分の70%程度
不良債権	実質破綻先	私的整理・法的整理等		長期延滞	個別貸倒引当金	非保全部分の100%程度
不良債権	破綻先	法的整理		取引停止（破産債権）	個別貸倒引当金	

債務超過におけるデメリットとは

債務超過の一番のデメリットは、対外的な信用が大きく低下することです。銀行がお金を出しにくになり、年度資金として返済相当分の資金提供を受けることすら困難になります。成長のための投資資金など、もってのほかの状態です。

飲食店ではあまり見られませんが、「手形貸付」といって運転資金で使われる資金調達手段があり、特定期日に一括で返済するものです。多くは、期間を1年間として、毎年同額の借換えをして運転資金を維持します。しかしながら、債務超過になると、借換えを断られて資金ショート（資金が枯渇して必要な支払いができない状態）する場合が出てきます。ショートしてしまえば当然、会社は倒産という状況に追い込まれます。

さらに銀行は、資金を借りている事業者（法人、個人）をランク分けしています。これを「債務者区分」と呼びます（図表25参照）。

黒字で資産超過の場合は、正常先として区分されています。しかし、赤字続きや債務超過に陥ると債務者区分が下がり、当然ながら銀行からの心証は悪くなってしまいます。

債務者区分の図表25を見てください。下に行けば行くほど信頼度は下がるという見方です。

記載がある「引当金」というのは、銀行が貸出をしている金額（事業者から見れば借入金）に対して、一定の割合（引当率）で回収不可能（事業者から見ると返済ができない）になることを想定し、事前に損失として計上しておくというものです。

例えば、正常先の貸付が１００億円ならば、その０・５％に当たる５，０００万円程度は損失として見込んでおくということです。

仮にあなたの会社で借りたお金が５，０００万円だとして、債務者ランクが正常先から破綻懸念先に落ちたとすると、引当金は25万円から３，５００万円に増やさなければなりません。ということは、銀行は損益計算書上では３，４７５万円の損失が発生してしまうということになります。当然に嫌がられますよね。

余談ですが、時折「借入れをして経営することは悪だ」というコンサルタントがいますが、私はそれはナンセンスだと思っています。借入れによって資金調達をすること自体は悪ではありません。むしろ、それこそが資本主義の醍醐味ともいえるでしょう。

資金調達はチャンスをつかむカギにもなる

例えば、次のような状況を考えてみてください。

２０××年、コロナの影響で経営環境が変わり、ニューノーマルに移行した。そして今、「完全にウイルスを無力化する空調が開発された」と仮定しましょう。「この設備を導入した店舗には、イートインのお客さんが集中するはずだ」ととある飲食店経営者は考えました。しかし、その機械を導入するには1，０００万円の設備投資がかかります。さて、皆さんならどうしますか？

「自己資金が足りないから導入しない」という判断もあるでしょう。しかし、それではお客さんはジリジリと減って、閉店に追い込まれるかもしれません。

つまり、お金を貯めてから実行するという考え方では、今目の前にある需要を取り逃してしまう可能性があるのです。このギャップを埋めるのが「借入金」です。チャンスがあれば、積極的に借りて投資する。チャンスを取りこぼさないようにするのが、必要な経営判断というものです。

繰返しになりますが、問題なのは借入れをすること自体ではありません。借入金に依存し過ぎて財務体質が悪化することです。この部分をしっかり理解した上で、調達と運用のバランスを取っていきましょう。

5　正しい運用をするための「時間」の考え方

さて、正しい経営をするためにもう1つ重要なのが「時間」の考え方です。これは普遍的な考え方であり、ファイナンス理論として決まっています。

私が特に強調したいのは、きょうの１００万円と明日の１００万円では、「貨幣価値が異なる」

【図表26　貨幣の時間価値】

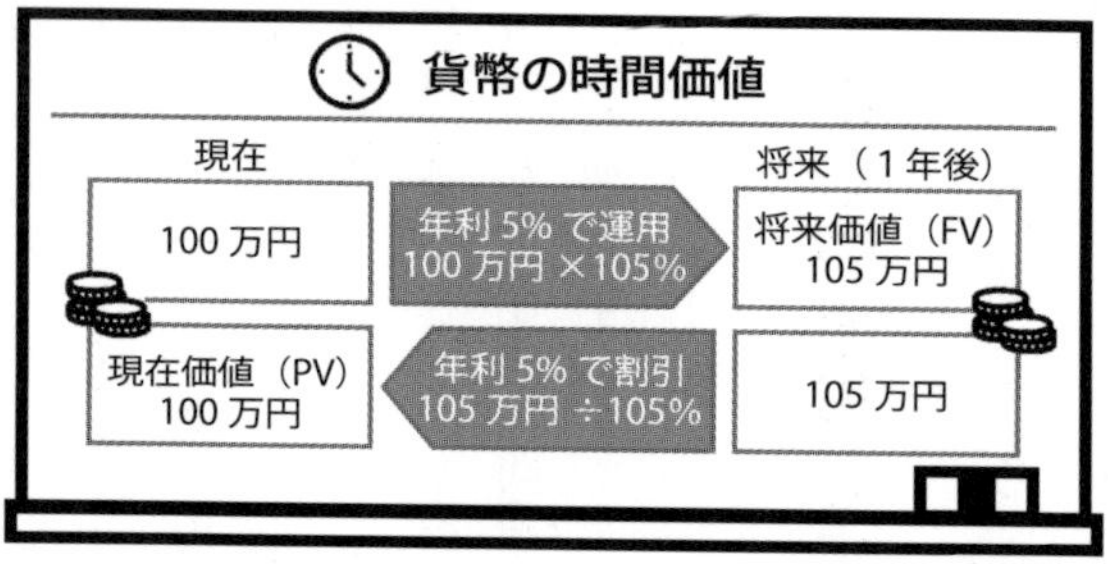

ということです。これはどういうことなのでしょう。

貨幣の時間価値とは

簡単に言えば、資金運用リスクがなく5％で運用できる場合、現在持っている100万円は1年後の105万円の価値と同じであるという考え方です。定期預金をイメージするとわかりやすいでしょう。利率5％の定期預金に100万円を預けたら、1年後には105万円になりますよね。

・100万円×（100％＋5％）＝105万円

逆に、1年後の105万円を現時点での価値にしてみましょう。

・105万円÷（100％＋5％）＝100万円

ということは、この条件下において、現在の100万円と、1年後の105万円は同じ（同価と言います）です。同じ金額でも、時間によって「価値」が異なるのです。これを、「貨幣の時間価値」と言います（図表26参照）。

加えて、現在の100万円に対する未来の105万円を「将来価値（FV、Future Value）」と言います。そして、未来の貨幣価値

１０５万円に対する現時点での価値１００万円を「現在価値（PV、Present Value）」と言います。

用語がたくさん出てきましたが、概念的な理解をするとともに、プロジェクト評価で重要となるPVをしっかりと理解することが重要です。

割引率とは

この現在価値は、「割引率（ディスカウントレート）」によって変化します。割引率とは、将来のお金の価値を現在の価値に直すために使うものです。現在価値にすることを、「割り引く（ディスカウント）」と言います。

先の例で言えば、１年後の１０５万円という金額を、現在の１００万円という価値にするときに使った「５％」という数字が「割引率」です。

割引率にもいろいろあり、事業者の資金調達の割合から求めるWACC（加重平均資本コスト）というものや、不動産鑑定に用いるキャップレートなどがあります。

それぞれの価値を算出するために適したものを使用します。WACCは後ほど詳しく解説します。

次の例で考えてみましょう。

国債は、ローリスクローリターンの投資と呼ばれ、最も安全な債権と言われています。この場合では割引率は低いといえるでしょう。

不動産投資は、ミドルリスクミドルリターン。株式投資は、ハイリスクハイリターンであるといえるでしょう。この場合の割引率は高くなります。

すなわち、事業が低リスクであればあるほど割引率は下がり、逆に事業のリスクが高ければ高いほど割引率は上がる。つまり、将来のお金を現在価値に割り引いたとして、その価値も下がることになります。

定期預金の例では、1年後の105万円が、割引率5％の場合に現在価値100万円でしたが、リスクが高く10％（新興国債権など）だとすると、現在価値は95・5万円に下がってしまいます。何となく、感覚はつかめましたか？

将来価値（FV）と現在価値（PV）は、現在から未来の価値を考えるか、未来から現在の価値を考えるかの違いであることがおわかりいただけたかと思います。

飲食店運営はリスクもあるがその分リターンも大きい

さて、では飲食店はどうでしょうか。業態により異なるものの、私はハイリスクハイリターンの業種だと考えています。その理由は、廃業率が高いことや事業がスムーズに進まないことが多いという点が挙げられます。

しかし、逆に言えば、難しいからこそ事業投資のロマンがあるのだと私は思っています。リスクがあるということは、その分成功したときのリターンも大きいのです。ハイリスクだからこそ、財務リテラシーを持ってしっかり計画的に進めていきましょう。

【図表27　単利と福利の違い】

■５％利率の債権を買った場合

〈単利のケース〉

	１年	２年	３年
元本	100.0	100.0	100.0
利息	5.0	5.0	5.0

３年間の利息収入	15.0

〈複利のケース〉

	１年	２年	３年
元本＋利息	100.0	105.0	110.3
利息	5.0	5.3	5.5

３年間の利息収入	15.76

6　単利と複利の違い

単利と複利の違いについて

さて、現在価値の話が出ましたので、単利と複利の違いについても少し触れておきます。

皆さんも、「単利」「複利」という言葉は耳にしたことがあるのではないでしょうか。

端的に言うと、「単利」とは、常に元本だけで計算される利息のことです。それに対し「複利」とは、元本により得た利息を元本に組み入れて、利息を計算する方法です。

両者がどう違うのか、図表27の事例をもとに見てみましょう。

複利を前提とすると、２年後、３年後と進むにつれて当然ながら増えていく計算になります。

つまり、「利息が利息を生む」状態が複利です。ファイナンスでは、複利の考え方が基本になっています。まずは、これを覚えておきましょう。

7　時間を戻す割引率の考え方

プロジェクト評価を正しくするには時間を現在価値に変える必要がある

前項で、「お金の価値は、現在と未来で異なる」ことをお伝えしてきました。

飲食店出店のプロジェクト評価において、とても大切なのが現在価値という考え方です。詳細は次章で述べるとして、この項では「割引率」の考え方について、もう少し詳しくご紹介します。

新規出店や改装投資などのプロジェクトを検討する際、まず作成するのが「事業計画」です。

事業計画では、将来得られるであろう利益やCFを算出していきます。しかし、ここで「正しい価値に戻す」作業が必要です。すなわち、計画上のCFは「未来のお金」であるため、現時点で評価をするには現在価値に変えなければいけません。これを「ディスカウント」と呼ぶことは前述しました。繰返しになりますが、このディスカウントに使う数字（係数と言います）を、「割引率（ディスカウントレート）」と言います。

では、割引率には何を用いればよいのでしょうか。

加重平均資本コスト（WACC）

お店の出店には、自己資金の他、銀行からの借入金も必要でしょう。この資金調達にはコスト（費用）がかかります。それを資本コストと言います。

自己資金にコストが発生するというイメージがつかない方もおられるかもしれません。自己資金は、会計的には自己資本、ファイナンス的にはエクイティー（Equity）と言います。これは、オーナーだけが出資するものではなく、成長途上のスタートアップであればベンチャーキャピタル、上場すれば一般株主も登場します。

彼らが出資する理由は、リターン（配当やキャピタルゲイン）を求めているからに他なりません。裏を返せば、調達した側からするとコストになるわけです。これを株主資本コストと言います。

一方で、銀行借入れは金利が発生しますが、これも資本コストです。借入金は、会計的には負債、ファイナンス的にはデット（Debt）と言います。負債コストと言います。

調達は、大別するとエクイティーとデットなので、この構成比により資本コストを加重平均します。自己資本が30、負債が70、株主資本コストが20％、負債コストが10％の場合で見てみましょう（図表28参照）。

この式では１つ不足があります。

金利（支払利息）は、損益計算書の営業外費用に計上されます。これは、利益を減らすことで、利益にかかる税金を減らす効果があります。これを、「負債の節税効果（タックスシールド）」と言います。

法人実効税率を40％とした場合、負債の節税効果（タックスシールド）を考慮すると、図表29の計算になります。これが加重平均資本コスト（WACC）です。

【図表 28　加重平均資本コスト】

株主資本コスト　20%
負債コスト（借入金利息）　5%

$$r = 株主資本コスト \frac{自己資本}{総資本} + 負債コスト \times \frac{負債}{総資本}$$

$$9.5\% = 20\% \times \frac{30}{100} + 5\% \times \frac{70}{100}$$

【図表 29　加重平均資本コスト（WACC）】

負債の節税効果（タックスシールド）を考慮

株主資本コスト　20%
負債コスト（借入金利息）　5%

$$WACC = 株主資本コスト \times \frac{自己資本}{総資本} + 負債コスト \times 負債の節税効果 \times \frac{負債}{総資本}$$

$$8.1\% = 20\% \times \frac{30}{100} + 5\% \times (1-40\%) \times \frac{70}{100}$$

WACCの演算式

$$WACC = r_E \times \frac{E}{E+D} + r_D(1-T) \times \frac{D}{E+D}$$

E　：株主資本（純資産）　　r_E：株主資本コスト
D　：負債　　r_D：負債コスト
T　：実効税率

株主資本コストの基準

さて、負債コストである金利は、借入金の契約書により確定しますが、株主資本コストは何を基準に決めればよいのでしょうか。

CAPM（キャップエム）という株主資本コストの算出法があります。しかし、私は、10～20％の間で任意に決めてしまえばよいと思っています。負債コストが概ね3～5％とすると、それよりも高く10％。そして、投資ファンドの求める利回りが概ね20％程度。となると、概ね10～20％が妥当だろうという考え方です。

余談になりますが、負債コストである借入金の金利で、５％は高いと感じた人が多いのではないでしょうか。この場合、表面金利だけで判断しているので注意が必要です。

具体的に、契約上の金利は表面金利と言います。しかしながら、実態は異なります。契約上の表面金利以外にもコストがかかっていることは覚えておきましょう。この見えない金利を考慮したものを、実質金利と言います。それに加え、その他の調達コスト（信用保証料等）もあるので、さらに注意が必要です。

実質金利とは

様々な使われ方がある実質金利という言葉ですが、ここでは正に「借入金の実質的な金利」のことです。

例えば、預金口座にある1，000万円を使わず、2，000万円を金利3％で借りた場合、実質1，000万円を金利6％で借りた計算になります。実際に借りた金額とは関係なく、支払う利息の実額から計算すると考えればいいでしょう。

定期預金をすすめられたことはありませんか？　これは、銀行にとって実質金利を上げるための施策の1つということは覚えておきましょう。

信用保証料とは

中小企業、小規模事業者が、民間金融機関からお金を借りる際に、信用保証協会が信用を保証する制度があります。倒産などで元本を回収できなくなったときに、貸付をした民間金融機関に対して元本の代位弁済を行ってくれます。

保証協会には、この信用保証料としてお金を支払う必要があります。現在はコロナの影響による保証について、自治体が保証料の補填を行ってくれています。

8　「お店の値段はいくらなの？」自分の店の価値を知る継続価値という考え方

本章では、ファイナンスに関わる様々な考え方をご紹介してきました。

ここまで読み進めてきて、察しのよい方は、「では、自分のお店の価値はどんな風にはじき出されるんだろう？」と疑問に思ったのではないでしょうか。まさしく、それが「継続価値」という判断基準です。

継続価値の考え方について

現在価値の考え方の1つに、「継続価値」という概念があります。

今までの計算は、3年間など期間を限ってキャッシュフローが得られるという前提のもとに計算してきました。

しかし、実際の飲食店経営を考えると、「3年やってやめよう」と考えて始める人はいないでしょう（ただし、プロジェクトの評価は期間を区切って行うべきですが）。誰しもが、できる限り長くお客様から愛される店をやりたいと願うはずです。

つまり、お店を永続的に運営すると仮定して、継続的にどの程度キャッシュフローを得る力があるのか、その前提に算出するのが「継続価値」です。

継続価値は、今後生み出すであろうキャッシュフローから求めていきますが、その方法はいたってシンプルです。

図表30の事例を見てみましょう。

では、継続価値を用いて、簡単にお店の値段を出してみましょう（図表31参照）。

いかがですか？　お店の価値を数値化すると、また違った感想を持つはずです。

【図表 30　継続価値の求め方】

継続価値は下記のシンプルな式によって求めます。

$$PV = \frac{CF}{r}$$

①永久的に年100万円もらえる債権の価値は、割引率5%とすると？

$$PV = \frac{100万円}{0.05} = 2{,}000\ 万円$$

②お店の場合、CFが成長していくことも考えられます。
その場合は、一定成長継続価値というモデルを使います。

$$PV = \frac{CF}{r - g} \qquad g = 成長率$$

③CFが毎年3%成長する場合の計算は。

$$PV = \frac{100万円}{0.05-0.03} = 5{,}000\ 万円$$

④逆に、CFが毎年3%マイナス成長する場合の計算は。

$$PV = \frac{100万円}{0.05-(-0.03)} = 1{,}250\ 万円$$

「こんなに価値があるんだ」「意外ともっと頑張らないといけないかも」など、1つの指標が見えるだけで、事業継続にかけるアクションも変わってくるはずです。

お店の価値を金額で見る「継続価値」がどの程度か、ぜひ計算してみてほしいと思います。

また、お店（会社）の価値を、目標設定の1つとして置いてみるのもよいでしょう。

「今は1，000万円の価値だけど、5年後には2

【図表31　お店の値段はいくら】

条件

・お店は好調。前期の営業CFは500万円だった。
・ぐんぐん成長しており、営業CFは平均5％成長している。
・投資家の期待利回りは20％（割引率）
・借入金が1,000万円残っている。

$$PV = \frac{500万円}{0.20-(0.05)} = 3{,}333\ 万円$$

お店の価値	3,333 万円
借入金	-1,000 万円
お店の値段	2,333 万円

2,300万円で売れるかもしれません！

あなたのお店の値段はいくらでしょうか？
それは想定よりも高いですか？低いですか？

倍の2，０００万円にするぞ！」という具合です。

価値に着目した目標売上高の設定方法は、第6章で詳しく解説します。

改めて、ポイントを整理しておきます。

・未来を考えるファイナンス思考で経営に望む。
・プロジェクト評価には簡易キャッシュフロー（EBITDA）を用いる。
・初期投資以外の投資キャッシュフローは売上高の1～2％でOK。
・初期投資・追加投資は自己資本比率30％を目標にして調達と運用のバランスをとる。
・未来と現在でお金の価値は異なる（貨幣の時間価値）。
・未来のお金の価値を現在に割り引く「割

引率（ディスカウントレート）」。

・複利は「利息が利息を生む」。

・継続価値は「お店（会社）の価値」。オーナーならば価値に着目して経営すべし。

さて余談ですが、本章の冒頭で「事業計画と管理会計を使ってPDCAを回す」ことの必要性を述べました。私が行っている3つのPDCAについてお伝えしたいと思います。

まず、事業計画を立てることからスタートです。

① 毎月のPDCA

計画した数字と実績を比較（予実管理といいます）して、細かな改善活動を行います。ポイントは、「結果を踏まえて、今後の実績を計画に近づける」ためのPDCAです。

② 四半期（3か月）に1回のPDCA

年3回になります。予実と将来環境を分析し、年の初め（期初）に立てた通期の利益目標を達成させるため、計画自体を点検して修正するPDCAです。どうしても期初の目標が達成できない場合は、下方修正した上で、将来の資金繰りなどを最適化しましょう。

③ 1年に1回のPDCA

1年間の結果を踏まえて、来期の事業計画を策定します。3年程度は見通しておくとよいでしょう。

3つのPDCAを使い分けて事業計画の達成を目指していきましょう。

第5章　NPVとIRRを正しく理解すれば成功にぐっと近づく

1　NPVとIRRを使うと飲食店経営がしやすくなる

NPVとIRRを用いる効果

本章では、前章でも少し触れた「NPV（現在価値）」と「IRR（内部収益率）」について詳説します。「NPV？　IRR？」と聞きなれない言葉に戸惑う方もいらっしゃるかもしれませんが、NPVとIRRについて把握しておくと、店舗の出店を「投資」として捉えることができます。それだけではなく、店舗経営を多角的に把握する「見識」が養われ、投資家としてのスキルも身につくことでしょう。

飲食店に限らず、経営では、このNPVとIRRの理解と実践がとにかく大切です。

例えば、チェーン店の場合、出店というプロジェクトに対して、初期投資がいくらかかるかという議論はされるものの、そのプロジェクトが生み出す経済価値に対しての議論は、ほとんどされません。これでは、投資に対してどれだけのリターンが見込めるのか、またどれくらいの事業規模になるのか予想がつきません。店をやっていても儲かるのか、儲からないのかわからないまま進んでいくようなものです。

そこで、私は、ファイナンスの考え方であるNPVとIRRを出店投資に当てはめ、ロジカルに考えていくことにしたのです。その結果、飲食店経営がしやすくなったといくつかの経営者さんから喜びの声もいただきました。そのナレッジをぜひ皆さんにもお伝えしようと思います。

実践に用いることで得られる効果は多くあります。中でも、①判断基準が明確になる、②出店・改装等における投資額の膨張抑制になる、③右腕が育つことが挙げられます。

①　判断基準が明確になる

新規出店時、どのような基準で Go か NoGo かを判断していますか？「利益が出るから」「店舗数を増やすため」などがよく聞かれるパターンです。また、「投資回収に○年かかります」ということを企画会議で発表することもあるでしょう。

飲食店はもちろん、経営する目的は何でしょうか。キャッシュフロー経営の章でも触れましたが、営利目的である以上、お金を儲けることは外せないのです。その意味では、利益や投資回収では判断基準として不足があります。

使ったお金に対し、どの程度の利回りや経済規模が得られるのかが明確になる。それが NPV や IRR であり、合理的な判断基準として機能するのです。

②　出店・改装等における投資額の膨張抑制になる

出店の責任者がマネージャーであれば、PL 責任を負うでしょう。利益を目標とするため、内装や設備にお金をかけて売上を確保したいはずです。

一方で、店舗デザイン担当であれば、利益はあまり興味がありません。自己実現のために投資予算は増える傾向にあるでしょう。この場合、投資額を増やす方向で利害が一致します。

しかし、マネジャーの目標を利回りにした場合はどうでしょうか。投資額に対するリターンの程度で計測しますので、キャッシュフローや利益は増やしたい一方で、投資額も抑えたいという動機がわきます。無駄な投資部分は抑えるため、店舗デザイン担当と交渉するというような動きが自然に起こってきます。

③ 右腕が育つ

②の変化は、幹部社員の思考の変化です。経営者と同じ目線で考えられるような、右腕が育ってきます。これは、経営者にとって最高の成果でしょう。
ファイナンスの分野は、普段使わない用語が多くあり、もしかしたら1度読んだだけではしっくりこないかもしれません。なるべく平易な言葉づかいを心がけますが、わからない部分は何度も何度も繰り返し読んで、理解を深めていただければと思います。

2 NPVとは

NPVとは

NPVとは、Net Present Value method（正味現在価値法）の略称であり、プロジェクトが生み出すキャッシュフローの割引現在価値の総和から初期投資額を除いたものを指します。

言い換えると、「投資によって、どれだけの経済価値が創造されるかを見る指標」のことです。耳慣れない言葉かもしれませんが、ファイナンスの世界ではごく当たり前に使われる言葉でもあります。

NPVの値を出すことでわかること

NPVの値を出すことで、次のことが把握できます。

- Go、NoGoの判断基準が明確になります。
- 出店前の設計段階で、収益モデルのエラーを発見できます。
- 出店の成功、失敗の基準が明確になります。
- やるべきアクションが明確になることで、自発的な人が育ちます。

いかがでしょうか。よいことづくめだと思いませんか？

そもそも飲食業は、規制などもなく参入自体のハードルは低いものの、意外と初期投資がかさむビジネスです。その割に、投資に対するリターンはどの程度あるのかといった論点がほとんど語られません。つまり、「お金をかけてどれだけの金額が儲かるか」がわからないのです。

日々の儲けはわかったとしても、これではビジョンを立てられません。不測の事態に対応できるのか、いわば「店が持つ資金力」をつぶさに把握するためにも、NPVの値を求めておくことが大切です。

また、数字を使ってロジカルに判断ができるようになり、有能な人材が育つきっかけづくりにもなります。

客観的に出店評価をすることができる

出店する当事者や出店責任者は、しばしば「自分の理想を表現したい」という欲求に駆られます。その結果、初期投資額がかさみ、開店後の投資利益が十分に得られなくなる可能性があります（実際、そんな例をいくつも見てきました）。

開業する際に、脱サラして開業する、何年もの修行を経て開業するなど、様々な開業パターンがありますが、その準備期間が長ければ長いほど、「開業することが目的」になってしまうのです。

このようなマインドで開業して、万一失敗して赤字になったとしても、引くに引けなくなってしまいます。しかし、NPVを計算し、スタート段階から「経済価値を出す」という目標を設定することで、客観的に現実を評価することができます。

私は、「客観的に出店評価することができる」という点を大きく評価しているのです。

3　NPVの計算方法

NPVの計算方法について

NPVの計算式は、図表32のとおりです。

【図表 32　NPV の計算式】

＜NPVの計算式＞

$$NPV = \sum_{n=1}^{n} \frac{CF_n}{(1+r)^n} - I$$

「NPVイコール　シグマnイコール1からnまで
（1＋r）n乗分の　n年後のCF　マイナスI」と読みます。

式の概念を理解するために、3つの区分で説明を加えます。

① n年目に得られるCFの現在価値です。
nは1年の事業期間です。3年目ならば「n=3」となります。

$$NPV = \sum_{n=1}^{n} \frac{CF_n}{(1+r)^n} - I$$

③ 初期投資

② ①の現在価値について、その評価期間
（プロジェクト期間）の総計を求めるという意味です。

「r」は割引率を、「I（Investment）」は初期投資を意味しています。

つまり、NPVとは、評価期間の現在価値に割引いたCFの合計から、
初期投資の金額を引いた金額ということになります。

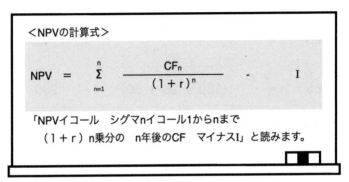

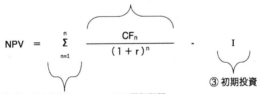

【図表33　NPVの計算例】

$$NPV = \sum_{n=1}^{n} \frac{CF_n}{(1+r)^n} - I$$

$$85 = (100 + 95 + 90) - 200$$

▼図解すると下記のとおりです

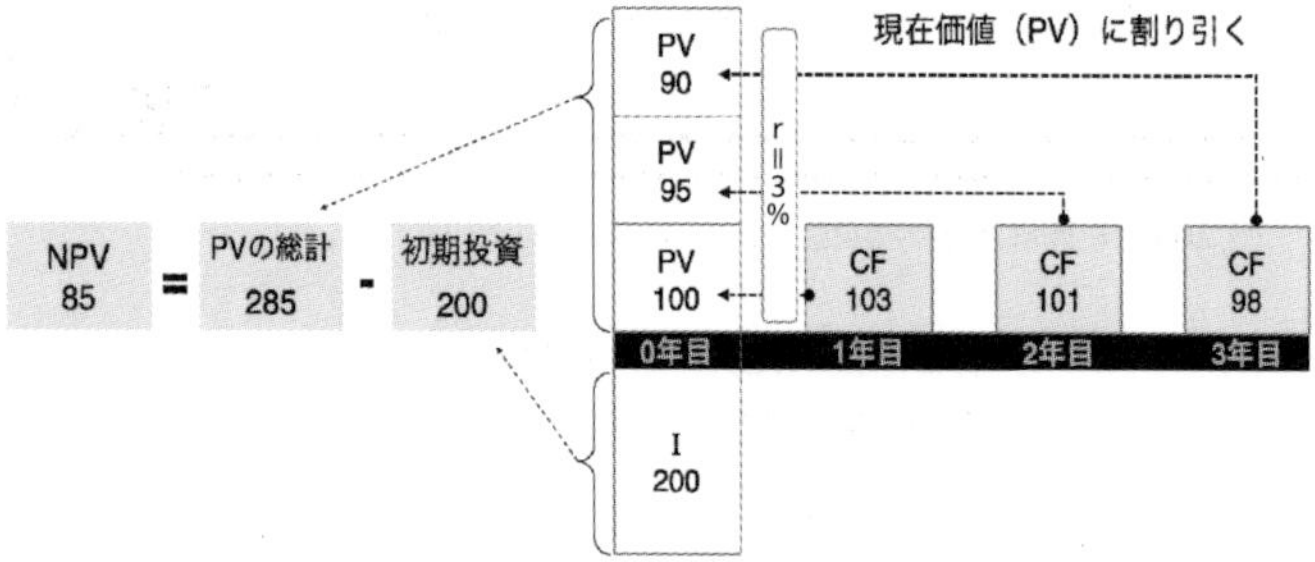

仮に、評価期間を3年間とする出店プロジェクトで、1年目の現在価値（PV）が100、2年目のPVが95、3年目のPVが90、初期投資Ｉが200だった場合は、図表33のようにNPVは85となります。

図にすると下図のようになります。

さて、初期投資（Ｉ）は出店までにかかった店舗取得費、建築、設備購入などを指していますが、あえて詳細を説明する必要はないでしょう。

ここからは、図表32に掲げた①の現在価値、②の総計について、具体的に解説します。

現在価値（PV、Present Value）について

図表34のケイで囲んだ部分が、これまでも何度か登場した現在価値（PV）です。この部分の計算を詳しく見ていきます。

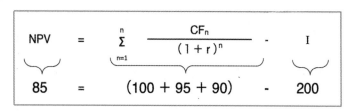

【図表 34　現在価値（PV）の計算】

$$NPV = \sum_{n=1}^{n} \frac{CF_n}{(1+r)^n} - I$$

（再掲：FVとPVの関係）

元本100万円、年利5%運用を例に、現在価値（PV）を求める式を解説。

＜条件＞
元本　100万円
年利　5%

	1年	2年	3年
利息	5.0	5.3	5.5
残高	105.0	110.3	115.8

100万円を年利5%で複利運用すると、3年後には115.8万円になる。

各年の残高は下記のとおり計算する。

① 1年後の残高	105.0	=	100.0	×	(1+0.05)
② 2年後の残高	110.3	=	105.0	×	(1+0.05)
③ 3年後の残高	115.8	=	110.3	×	(1+0.05)

3年後の残高を求める式は・・・

115.8万円　＝　100万円　×　(1+0.05) × (1+0.05) × (1+0.05)

$(1+0.05)^3$　まとめると冪乗(べきじょう)になる。

最終的に・・・

115.8万円　＝　100万円　×　$(1+0.05)^3$

図表34のつづき

115.8万円 ＝ 100万円 × $(1+0.05)^3$

演算式に変えます

$$FV = I_0 (1 + r)^n$$

FV：将来価値
I_0：元本
r：利率

更に現在価値（PV）を求める式に変形します

$$I_n = PV (1 + r)^n$$

PV：現在価値
I_n：n年目の残高
r：利率

移項して変形します

$$PV = \frac{I_n}{(1+r)^n} = I_n \times \frac{1}{(1+r)^n}$$

このときの $\frac{1}{(1+r)^n}$ を、複利現価係数と呼びます。

複利を前提とした場合に、現在価値に割り引く係数という意味です。
n年後の残高に、複利現価係数をかけると、現在価値を求めることができます。

FVの時に「r」は利率でしたが、現在価値を求める場合は、
「現在価値に割り引く」という意味で割引率（ディスカウントレート）と呼びます。

■事業計画のCFを現在価値に割り引いて考える場合は下記の式になります。

$$PV = CF_n \times \frac{1}{(1+r)^n}$$

＜計算例＞

１年目のCFは100、2年目が120、3年目が110。割引率（r）が5%の場合

$$PV = \left(100 \times \frac{1}{(1+0.05)^1}\right) + 120 \times \frac{1}{(1+0.05)^2}) + \left(110 \times \frac{1}{(1+0.05)^3}\right)$$

PV ＝ 299.10

【図表35　Excelでの計算方法：NPV】

	A	B	C	D	E	F
1	割引率	5%				
2						
3		0年目	1年目	2年目	3年目	
4	n（経過年数）	0	1	2	3	
5	営業CF		100	120	110	
6	初期投資（I）	△ 200				
7	CF	△ 200	100	120	110	
8	<Excelの計算式>	=SUM(B5:B6)	=SUM(C5:C6)	=SUM(D5:D6)	=SUM(E5:E6)	
9	複利現価係数	1.000	0.952	0.907	0.864	
10	<Excelの計算式>	=1/(1+$B$1)^B4	=1/(1+$B$1)^C4	=1/(1+$B$1)^D4	=1/(1+$B$1)^E4	
11	PV　=CF×複利現価係数	-200.0	95.2	108.8	95.0	
12	<Excelの計算式>	=B7*B9	=C7*C9	=D7*D9	=E7*E9	
13						
14	NPV　=PVの合計 - 初期投資（I）	99.1	=SUM(B11:E11)			
15	NPV　<Excelの計算式>	99.1	=NPV(B1,C7:E7)+B7			
16			※「=NPV(B1,B7:E7)」は間違いなので注意			
17						

実務では、Excelなどの表計算ソフトを用いると簡単です。図表35の計算式によりPVが簡単に求められます。表計算ソフトの関数でも求められますが、計算式を書くと理解が深まるのでおすすめです。

そして、このPVの合計から初期投資額（I）を引くと、NPVとなります。

この事業計画の計算例では、299.10がPVの合計ですので、仮に初期投資額（I）が200ならば、NPVは99.10になります。

NPVにも弱点はあるが1つの計測指標として有効

このプロジェクトのNPV、すなわち3年間での経済価値は99.10という定量評価ができます。

この99.10という数字、パッと見てよいのか悪いのか判断がつきますか？　実は、これがNPVの弱点でもあります。

そもそも、NPVで評価する際に絶対的な基準はありません。過去に取り組んだプロジェクトや、他の出店候補などと比べて、どちらがよいかという判断をするしかありません。

例えば、出店候補が複数あるものの、投資予算に制限があって1店舗しか出せない場合。創業時もこうなりますよね。不動産屋さんからいくつかの物件候補をもらうと思います。その候補ごとにNPVを算出して、どの物件の経済価値が最も高いかという視点で評価することができます。どうでしょう？ これだけでも便利ですよね。

ファイナンスの重要な計測指標の1つであるNPVについて解説しました。

このように、単体ではよいのか悪いのか判断できない弱点を持つNPVですが、その弱点を補完する指標が、次に取り上げる「IRR」になります。

4 IRRとは

プロジェクトの利回りを指す指標

では、IRRとは何を指すのでしょうか？ IRRとは、Internal Rate of Return（内部収益率）の略称です。

前述のNPVがゼロになる割引率のことを指し、プロジェクトの「利回り」を指す指標です。NPVの公式と並べて比較すると、比較的わかりやすいはずです（図表36）。

【図表 36　IRR の計算式】

＜NPVの計算式＞

$$NPV = \sum_{n=1}^{n} \frac{CF_n}{(1+r)^n} - I$$

＜IRRの計算式＞

$$(NPV =)\ 0 = \sum_{n=1}^{n} \frac{CF_n}{(1+\underline{r})^n} - I$$

↓

NPVがゼロになる「r」を求める。
そのときの「r」がIRR。

IRR のメリットとは

IRR には、次のようなメリットがあります。

・出店等のプロジェクトの利回りが明確になる。
・10％というような利率で表現されるため、NPV よりも客観的にわかりやすい。
・比較する基準を設定することで、IRR 単体で Go か NoGo かの判断ができる。
・10％というような利率で表現されるため、NPV よりも客観的にわかりやすい。

預金などで、金利には馴染みがあります。IRR というと取っつきにくいですが、実は預金の金利と考え方は同じです。

例えば、あなたが定期預金を考えてい

るとしましょう。これは個人的なプロジェクトですよね。A銀行とB銀行の定期預金は、金利が異なります。そう、プロジェクトの利回り（IRR）が異なるのです。A銀行は1・5％、B銀行は2％の場合、どちらに預けますか？　基本はB銀行ですよね。

このように、体験的に判断方法を知っているIRRは、万人に使いやすいツールと言えます。

比較する基準を設定することでIRR単体でGoかNoGoかの判断ができる

比較に用いる基準は、ハードルレートと呼んだりします。このハードルを超えればGo、超えないならばNoGoという感じです。これも定期預金で考えてみましょう。

ハードルレートは、普通預金の金利で1％とします。何も運用せずに銀行に預けておくだけなら、1％の利回りしか得られません。A銀行の定期預金は1・5％の利率で運用できます。余剰資金があるのならば、預けてもよいですよね。ハードルレートを超えているのですから。

出店等のプロジェクトの場合、このハードルレートには資金調達にかかる資本コストを用いるのが一般的です。第4章で解説した加重平均資本コスト（WACC）でOKです。

いまいち資本コストのイメージがつかない場合、仮に株主資本コストがない世界で、銀行借入れだけが調達コストだとすると、とても理解しやすいです。

例えば、銀行から1，000万円を借りるのに3％の金利がかかります。その1，000万円を投資する出店プロジェクトの利回り（IRR）は5％だとします。2％分が正味のリターンになると

【図表37　自己資本比率が30%の場合のWACC】

オーナー・株主の期待利回り	10%
負債コスト（借入金の利息）	5%

$$\text{WACC} = \text{株主資本コスト} \times \frac{\text{自己資本}}{\text{総資産}} + \text{負債コスト} \times \text{負債の節税効果} \times \frac{\text{負債}}{\text{総資産}}$$

▼

$$5.1\% = 10\% \times \frac{30}{100} + 5\% \times (1\text{−}40\%) \times \frac{70}{100}$$

いうことです。一方で、出店プロジェクトの利回りが2%だとすると、1%分の赤字投資になるということです。

どうですか？　事前に把握すべきですよね。

このほかに、基準を目標利回りや期待利回りとする場合もあります。これは、自分のお金を運用する際に、最低限求めるリターンを設定するということです。投資ファンドなどは、20%程度のIRRを求めます。これは、5年で価値が約2倍になる想定となります。

初心者はハードルレート10%を基準に

私は、かねてから最低でもIRR 10%を目標にしましょうと話をしています。言い方を変えれば、ハードルレートを10%にしようということです。それは、なぜでしょうか。

一般的に優良と言われている自己資本比率は30%です。これは、店舗設備などの総資産が100の場合、自己資本（出資金）が30、銀行借入金が70という割合です。

オーナー・株主の期待利回りを10%、負債コストを5%した場合のWACCを計算すると、約5%(図表37)となります。これが資本コストです。

計画どおりきっちり行けばこれでよいのですが、ほとんどが計画より下回ることが多いので、5％のバッファを加えて10％とします。ハードルレート10％で出店判断し、実行してみて多少うまく行かなくても5％の資本コストは下回らないようにするというイメージです。

資金を投じてしっかりと利回りを求めようとする場合、最低でも10％は必要なのです。どうですか？　ハードルレートは意外と高くないでしょうか。

問題は、ハードルレートが高いということではありません。10％程度は求めないと投資するプロジェクトには値しないということを、わからないままに実行しているということが問題なのです。

さて、使いやすいIRRですが、これも欠陥があります。事例で見ていきましょう。

【図表38　投資案件】

	A案件	B案件
投資額	100万円	150万円
リターン	5万円	7万円
単純利回り	5.0%	4.7%

IRRとNPVはセットで考えてはじめて効果を発揮する

図表38に単純な投資案件を掲載しました。利回りだけをみれば、Aが優良に思えます。しかし、予算が150万円だったら、皆さんはどちらを選択しますか。人にもよりますが、予算が許すのであれば、率は下がっても金額が大きいほうがよい場合もありますよね。

このように、IRRでは規模がわかりません。というのも、IRRは投資したものに対する利回りを表す数値だから当然です。

さて、どうすればよいか。もうお気づきだと思いますが、IRRの欠点はNPV

【図表 39　IRR の計算式】

$$\sum_{n=1}^{n} \frac{CF_n}{(1+r)^n} - I = 0$$

n　：n 年目
CFn：　n 年目の CF
I　：初期投資額

【図表 40　Excel での計算方法：IRR】

	A	B	C	D	E
1		0年目	1年目	2年目	3年目
2	営業CF		100	120	110
3	初期投資（I）	△ 200			
4	CF	△ 200	100	120	110
5	<Excelの計算式>	=SUM(B2:B3)	=SUM(C2:C3)	=SUM(D2:D3)	=SUM(E2:E3)
6					
7	IRR	29.3%	=IRR(B4:E4)		
8					

の利点でカバーでき、NPV の欠点は IRR の利点でカバーできるのです。

NPV はセットで考えなければ意味がない、ということがわかると思います。

5　IRR の計算方法

IRR の計算式

では、実際に、IRR を計算していきましょう。図表 39 に公式を再掲します。

実は、手計算だとかなり厳しいのが IRR です。補間法などの計算方法はありますが、この辺はアカデミックな領域に任せて、Excel 等の表計算ソフトでサクッと計算していきましょう。「NPV がゼロになる場合の r が IRR だ」ということだけ理解できていれば大丈夫です。

どうでしょうか。公式からは考えられないくらい簡単に計算できてしまいます。

ビジネスモデルは3年～5年で見直すことを考える

飲食店投資の1つの目標は、可能であれば3年～5年で経済価値をプラスにすることです。つまり、スタートしてから5年間で経済価値をしっかり出す設計が必要ということです。私は、この5年という期限が重要だと考えています。なぜなら、変化が速いこの時代、同じビジネスモデルで未来永劫戦うのは不可能に近いからです。基本的に、「ビジネスモデル（業態）は廃れる」と考えていたほうがよいでしょう。

そのため、当初に設計したビジネスモデル（業態、収益構造等）は、3年～5年で変えなければならなくなることを視野に入れた上で計画を遂行していくことが必要です。

創業した企業の10年存続が1割程度というデータから見ても、「飲食店を継続すること自体難しい」と言うことは理解しておかなければなりません。

1年～2年ビジネスを続け、そこでビジネスモデルが崩れたら、ターンアラウンド（業態転換）できるようにするという「フットワークの軽さ」も持ち合わせている必要があると思います。

さて、ここからは、1歩進んで出店投資をイメージして経済価値の評価を行ってみましょう。

計算に出てくる指標

EBITDA（Earnings Before Interest Taxes Depreciation and Amortization）は、税引前償却前利益

事業から得られた簡易キャッシュフローを示しています。

営業利益や経常利益から算出する方法など、複数のパターンが存在し、統一された公式が存在するわけではありません。ここでは、営業利益に償却費を足し戻した金額をEBITDA（簡易キャッシュフロー）としています。

それでは、NPVとIRRを用いた実際の事例を見てみましょう。

図表41の事例1は、フレンチレストランと仮定します。なお、「運転資本の増減」と「ターミナルバリュー（終価）」というものを考慮していません。

運転資本というのは、店舗運営に必要な最低限の資金です。運転資金というとわかりやすいですね。

飲食店は、現金売上が多く、仕入や給与等の支払いが後に来るため、運転資金に困ることはあまりありません。製造業などは考慮すべきですが、現在の飲食店の評価において問題はあまり発生しません。

参考までに概要を記載します。

●運転資本＝売上債権＋棚卸資産－仕入債務

売上債権は、クレジットカード決済などで入金が後日になるものです。現金回収が遅れるため、増えれば増えるほど資金繰りは悪化します。

棚卸資産は、食材などの在庫です。売らないと現金になりませんから、増えれば増えるほど資金

【図表41　事例1・フレンチレストランの経済性計算】

ハードルレート(割引率)	10%

①初期投資額

単位：千円

償却資産	20,000	設備、備品など。評価期間で償却を想定
非償却資産	6,000	敷金、差入保証金など
計	26,000	

②損益と経済価値の計算

科目	前提条件	0年目	1年目	2年目	3年目	4年目	5年目
売上高			45,600	45,600	45,600	45,600	45,600
売上原価	原価率35%		15,960	15,960	15,960	15,960	15,960
人件費	人件費率35%		15,960	15,960	15,960	15,960	15,960
家賃	家賃35万円/月		4,200	4,200	4,200	4,200	4,200
その他経費			2,500	2,500	2,500	2,500	2,500
減価償却費	償却資産÷5年		4,000	4,000	4,000	4,000	4,000
営業利益			2,980	2,980	2,980	2,980	2,980
営業利益率			7%	7%	7%	7%	7%
CF(EBITDA)		△26,000	6,980	6,980	6,980	6,980	6,980
複利現価係数		1.000	0.909	0.826	0.751	0.683	0.621
PV（現在価値）		△26,000	6,345	5,769	5,244	4,767	4,334

NPV	460
IRR	10.7%

「IRR ＞ ハードルレート」のため基本はGo

繰りが悪化します。

仕入債務は、後払いで仕入れた食材などの支払うべき金額です。食材を調理して売ってしまえば現金化しますが、支払いは後払いになります。現金仕入よりも増やせば、それだけ当面の資金繰りは楽になります。

運転資本の増減は利益には影響しませんが、キャッシュフローに影響を与えます。

「ターミナルバリュー（終価）」も考慮していません。

例えば、飲食店であれば、5年でプロジェクトを区切ったとしても、実際には6年目以降も営業は続き、キャッシュフローも得られます。これを、価値として評価するのが、「ターミナルバリュー」です。前述した継続価値という考え方を用いますが、今回は使用しないので説明は割愛します。

私は、意図的にこれを除いています。

なぜなら、「限られた期間の中で経済価値を出せるようにすべき」と考えているからです。例えば、プロジェクト期間が5年間ならば、まずは5年間のキャッシュフローだけで経済価値を出せるように設計をすべきなのです。5年で投資を回収し切って、加えて現在価値ベースでリターンも得る。これが目標です。

では、続いて、2つ目の事例を見てみましょう。

図表42の事例2もフレンチレストランですが、NPVはマイナスで、IRRはハードルレートを超えていません。この出店は、この時点ではNoGoという判断です。

「この時点では」という部分がポイントです。ここからモデルを見直して、経済価値を出せるようになればよいのですから。

さて、このケースは、事例1と比べて投資総額は低いのに、なぜ必要なリターンを得られないのでしょう。大きく違うのは売上高、人件費率です。

では、オペレーションの見直しを行うことで、人件費率を35％に抑えられたらどうでしょうか（図表43）。

NPVはプラスに、IRRはハードルレートを超えることができました。こうして、現実のオペレーションを想像しながら数字を変えるなどして、モデルを組み上げていきます。

事前の見込みをするからこそ現実において適切な評価ができる

事例1と事例3（改善後の事例2）が出店候補だった場合、初期投資が少なくリターンも大きい事例3が有力な選択肢となりますよね。

もちろん、これらは机上の話。実際に動いてみると、結果は異なるものです。

「なら、事前の見込など不要じゃないか？」

いいえ。事前の見込があるからこそ、現実に起きたことを評価で

【図表42　事例2 IRR＜ハードルレート、NPVがマイナス】

ハードルレート(割引率)	10%

①初期投資額　　単位：千円

償却資産	15,000	設備、備品など。評価期間で償却を想定
非償却資産	5,000	敷金、差入保証金など
計	20,000	

②損益と経済価値の計算

科目	前提条件	0年目	1年目	2年目	3年目	4年目	5年目
売上高			42,000	42,000	42,000	42,000	42,000
売上原価	原価率35%		14,700	14,700	14,700	14,700	14,700
人件費	人件費率38%		15,960	15,960	15,960	15,960	15,960
家賃	家賃35万円/月		4,200	4,200	4,200	4,200	4,200
その他経費			2,500	2,500	2,500	2,500	2,500
減価償却費	償却資産÷5年		3,000	3,000	3,000	3,000	3,000
営業利益			1,640	1,640	1,640	1,640	1,640
営業利益率			4%	4%	4%	4%	4%
CF(EBITDA)		△ 20,000	4,640	4,640	4,640	4,640	4,640
複利現価係数		1.000	0.909	0.826	0.751	0.683	0.621
PV（現在価値）		△ 20,000	4,218	3,835	3,486	3,169	2,881

NPV	△ 2,411
IRR	5.2%

「IRR ＜ ハードルレート」のためこのままではNoGo
初期投資の見直しや収益モデルの修正を行う

【図表 43　事例３〈事例２〉の人件費を見直したケース】

ハードルレート(割引率)	10%

①初期投資額　　単位：千円

償却資産	15,000	設備、備品など。評価期間で償却を想定
非償却資産	5,000	敷金、差入保証金など
計	20,000	

②損益と経済価値の計算

科目	前提条件	0年目	1年目	2年目	3年目	4年目	5年目
売上高			42,000	42,000	42,000	42,000	42,000
売上原価	原価率35%		14,700	14,700	14,700	14,700	14,700
人件費	**人件費率35%**		14,700	14,700	14,700	14,700	14,700
家賃	家賃35万円/月		4,200	4,200	4,200	4,200	4,200
その他経費			2,500	2,500	2,500	2,500	2,500
減価償却費	償却資産÷5年		3,000	3,000	3,000	3,000	3,000
営業利益			2,900	2,900	2,900	2,900	2,900
営業利益率			7%	7%	7%	7%	7%
CF(EBITDA)		△ 20,000	5,900	5,900	5,900	5,900	5,900
複利現価係数		1.000	0.909	0.826	0.751	0.683	0.621
PV（現在価値）		△ 20,000	5,364	4,876	4,433	4,030	3,663

NPV	2,366
IRR	14.5%

オペレーション見直しにより人件費率3%ポイント改善

きるのです。

さて、事例1は、何を見直せばよいでしょうか。初期投資は絞る余地はないか。こんなふうに考えを巡らせることが大切です。

このように、NPV・IRR をそれぞれ計算してみると「正しい判断」が見えてくるのです。

6　NPV と IRR で見えてくる「企業の価値」

企業価値も NPV と IRR から求められる

NPV と IRR を使って様々な事例を見てまいりましたが、これらはプロジェクトをベースにしたものです。

しかしながら、NPV と IRR の活用はこれだけではありません。実は、企業価値も算出することができます。そのことを「インカムアプローチ」と言い、DCF法（NPVやIRR）を使います。ちなみに、コストアプローチ、マーケットアプローチという方法もあります。

企業価値の計算方法も、考え方はほとんど同じですが、割引率はWACC（加重平均資本コスト）を用いること、運転資本の増減を入れること、継続価値を入れることが必要です。複雑になるので割愛しますが、考え方は同じです。NPV法の応用といってもよいでしょう。

概念的な話として、企業はプロジェクトの塊です。そのため、企業価値を高めるためには、個々の出店に対ししっかりと経済価値を出して積み上げていくことが重要です。具体的には、資金調達コスト（WACC）を下げること、得られるCFを増やすことなどが挙げられます。

企業価値を高めた先に待っているのは、M＆Aでアドバンテージを得ることなど、もっと大きな枠組みで企業をとらえることにもつながります。

飲食店を始める方で「企業価値」まで算出する必要はないかと思いますが、NPVとIRRの可能性はおわかりいただけたのではないでしょうか。

7　投資金額に見合った採算が取れているか数字で見極めよ

数字を見ることで運営を客観的に判断できる

NPVとIRRの概要と計算方法をご紹介しました。数字は、よくも悪くも、実際の価値を浮き彫りにしてくれますよね。「投資金額に対してこれくらいは元が取れているだろう」という認識は、割とあてにならないものです。これまで行ってきたアクションや施策を改めて数字で可視化してみると、現在の経営状態のよさ・悪さが一目瞭然でわかってしまいます。

当初の計画どおりに進んでいれば、そのまま進めていったり、プラスアルファで何かアクションをしてみたりということにもつながるでしょう。

あるいは、もし投資前であれば、NPVやIRRは未来の数字を見ることになるので、出た結果によってやるべきか、引くべきか客観的に判断することもできます。

実行後であれば、数字は「結果」なので、現実を直視するということにつながるでしょう。しかし、それだけではありません。投資額と得られるキャッシュフローの両方を見ることで、初期投資をなるべく抑えて、得られるキャッシュフローを極大化しようという考えに至ります。

さらに、

・自社が想定する利回りを達成できるかどうか（IRR）
・複数の出店候補があった場合にどれを採択すべきか（NPV）

というロジカルな判断もしやすくなり、店舗運営においてコントロールできる領域が増えるのも確かです。

嘘をつかない数字を見ることによって、投資に対するリターンを高める案を考えたり、あるいは経済価値を高めるために自分が何をすべきが把握できたり、さらには具体的な行動目標とモチベーション向上にもつながると私は考えています。

いずれにしても、自身の感情や状況などに左右されず、投資金額に見合った採算なのか、定量的に判断することはとても重要です。ぜひ本書をきっかけに、「ファイナンス思考」へのマインドチェンジをしてみてください。

8 両者を正しく理解して「負けない飲食店」をつくる

少し専門的な話が続いてしまいましたが、NPV・IRRを取り入れた経営手法は、私の経験から出した1つの答えです。両者を正しく理解して利用していくことが、経営には何より不可欠なのです。という結論に至ったのも、私が長年本当に様々な飲食店の栄枯盛衰を見てきたからでしょう。

これからの時代に必要なのは「負けない」意識で運営していくこと

とある飲食店チェーン店の改善プロジェクトで、私はある違和感を覚えていました。

複数店舗を経営しているチェーンだったのですが、店舗別に毎月の利益・キャッシュフローなどは管理会計で把握しているものの、そもそもその出店が成功だったのか失敗だったのかを「指標」で判断していなかったのです。

指標がなければ、次の店舗を出店するナレッジは蓄積されません。「勘頼み」に依存していることのやり方では、いつまで経っても「何が成功事例なのか」がわからないままです。これでは飲食店経営は成功できないと私は感じました。と同時に、「飲食店経営にも投資感覚が重要なのではないか」と思うようになったのです。

大切なのは、「勝つ」ことではなく、「負けない」ことです。ここで言う「負けない」というのは、競合他社に負けないということではありません。

コロナ禍などの予測し得ない状況においても「負けない」企業体力を持っておくということです。攻める体制も、守る体制も両方備わってこそ、成功できると思っています。

では、「成功」とは一体何でしょうか？

もちろん、「儲かる」ことだけが成功ではありませんが、ここでは話を単純にするため、「儲かる＝勝つ」「撤退、倒産＝負ける」と仮定します。

負けてしまった場合。未来で投資するという道は閉ざされてしまいます。勝つ可能性はゼロになってしまうでしょう。ゼロに何を掛けてもゼロのように、撤退してしまっては何も残せないのです。であれば、まずは「負けない」ということ、未来に勝つ可能性（確率）を残すことが重要であると私は考えます。そのために、まずは「店が存続する、生き残る」ための最低限の資金、体力を確保する。いわばミニマムな進行でよいのです。

そして、継続できる状態を保った上で、ここぞというときに未来の勝ちを追求して行く。

ここに、経営の面白さがあるのだと思います。

自分の人生においても「負けない」ことを意識する

「負けない」の意味はもう1つあります。「自身の人生が再起不能にならないということ」です。お店や会社の経営だけが人生のすべてではありません。上記では「負けること＝店舗の撤退」と仮定しましたが、1つの人生の中で考えれば、店舗の撤退こそむしろ「負けない」ととらえることもできます。

例えば、こんな事例です。

起業したものの、事業が立ち上がらずに5年頑張ってきた。精神的にも資金的にも厳しい状態で無理をして、追い詰められてしまった。この先店舗を続けるのが厳しい。

こういう状況では、店を続けることのほうが、大きなリスクと言えるでしょう。すなわち、この場合では「撤退こそが英断」なのです。

人生において、再起不能にならないよう長期目線で見た「人生における戦略的な撤退」と言ってもよいでしょう。

店はなくなってしまっても、人生は続きます。このような選択肢を取ることもときには必要だと私は思っています。

そして、2つの意味において、「負けない飲食店をつくる」ことが重要なのではないでしょうか。

企業であれば事業を継続すること、人生であれば幸せな生涯を送ること、これが大きな目標です。その過程での致命傷を避けることが、将来の勝ちにつながるでしょう。

第6章　目標売上高の立て方

1　大事なことは事前に売上計画をしっかり立てること

日々の商売を精査する

自分のお店がオープンした！　家族や友人に祝福され、今までの苦労が報われるときです。人生で一番輝くときかもしれません。

でも、次の瞬間からはその大切なお店を代表となって運営していかなければなりません。

まずは、店舗の営業。これは毎日のことです。開店前の準備から開店、開店中の運営、閉店、閉店後の後片づけ。お客様が来ようが来まいが、必ずやらなければなりません。

オーナーシェフならば、開店前や閉店後の仕込みの作業量も多いですし、従業員がいれば、労務管理もしなければなりません。アルバイトは、スキルの差が激しく、出入りも激しい。ある程度のルーティンが決まるまでは、どうしてもオーナーの負担は大きいものになります。

そしてもちろん、お客様に来ていただくために、集客もしなければなりません。立地がよければ特別な施策を打たなくてもお客様がいらっしゃるかもしれませんが、よほど魅力がなければ何もやらずに満席になることはまずありません。立地が悪ければなおさら集客には力を入れていく必要があります。

広告を打ったり、クーポンを配ったり、お店のポイントカードをつくったりなど、様々なセールスプロモーションを考えて実行していくことも営業の一環です。

毎日毎日これをこなしていくのは、体力も、そして精神力も必要です。

「毎日の作業に忙殺され、気づけば数か月が経っていた…」。

「気づけば手元資金が少なくなっていた…」。

このようなことが実際によくあります。しかし、これではいつまで経っても目の前の運営のことにしか意識が向かなくなってしまいます。

大切なのは、事前に売上目標をしっかりと立てておくこと、そしてそれをちゃんと意識して日々の商売を精査していくことです。

では、売上目標は、どのように立てればよいのか。

この章では、目標売上高の立て方を詳しく紹介していきたいと思います。

2　経営は「計画」が重要。計画が未来を変える唯一のツール

計画段階で過剰な売上は見込まないのが鉄則

私は、常々経営は「計画がすべて」だと、飲食店のオーナーに伝えています。銀行に提出する「事業計画書」はもちろんのこと、経営は計画あっての実行でなければなりません。

ここでは、売上計画を軸に述べていくことにしましょう。

まず大切なのは、計画段階で売上を過剰に見込まないようにすることです。捕らぬ狸の皮算用ではありませんが、見込める売上は、想定する売上の7〜8割がラインだと私は思っています。前述のとおり、ミニマムで考えると6割ですね。

売上計画を立てたら、短いタームで管理をしていきましょう。

月次の予実管理では、1年で12回のPDCAとなりますが、週間にすれば1年で52回となります。週単位で状況把握をして、スピーディーに反映していけば、未来を変えていくことはできると思います。

財務的な目線で言えば、月次予実管理は月1回で十分です。その進捗を理解した上で、管理会計などを使い、週単位でPDCAに落とし込んでいきます。こうすることで効果的な営業ができるはずです。

例えば、月次の予実管理であれば、年間の着地見込みを出す。計画と乖離があれば、対策を講じて計画に近づけるようにする。コロナなどの突発要因で計画の達成が難しい状況に陥ったら、計画を現実にフィッティングさせる。その上で、利益や資金繰りの落としどころを探す。

週次の予実管理であれば、月次の着地見込みを出す。乖離が生じている部分に、対策を当てて、次の週に数字が動いたかどうかを確認する。効果なしなら次の手を、効果があったら継続してさらに効果を高める手を考える。

いずれの場合も、「着地見込みを出す」ということにこだわってください。

PDCAサイクルをスピード感を持って回していく

個人・法人によらず単店舗オーナーであれば、月次PDCAは顧問税理士やコンサルタントと一緒にやって、週次PDCAは管理会計をベースに自分たちで回していくことを習慣づけるとよいでしょう。

一方、他店舗展開している法人の場合には、管理会計を用いて週次のPDCAで運営サイドが回す、財務・税務会計を用いて月次のPDCAを経営陣で回すのを徹底していきます。

年単位の目標、月単位の目標、週単位の目標。細かく目標を決めていくことで、「では、自分は今、何をすればいいか？」というアクションに落とし込みやすくなります。

手間に感じるかもしれませんが、計画を立てる時間を週に○時間、月に○時間と決めて習慣化することが大事です。そして、計画どおりに進行していけば、経営が赤字になるリスクをぐっと下げることができます。ぜひ、面倒がらずに計画を立てることを実行していきましょう。

3　目標売上高は目標利回りから考える

目標売上高の指標はどう設定するか

では、実際に、目標売上高の指標をどのあたりに設定すればよいのか、という問題に行きつきます。私は、常々「目標利回りから考えること」とお伝えしています。

例えば、ハードルレート（目標とする最低の利回り）を10％とした場合は、それを達成するための売上高が目標売上高になるという計算です。もちろん、ハードルレートをどう設定するかは、場合により変化します。

具体的な目標売上高は、前章で説明したように、NPVやIRRを使って事前に行うシミュレーションから決めていきます。売上高の立て方は、後に詳しく解説しますが、簡単に流れを説明すると、次のとおりです。

目標とするリターンをNPV、IRR等で設定する

目標とするリターンを出すために初期投資とそこから得られるキャッシュフローの最適な割合を設計する。キャッシュフローを計算する際につくった損益計算書が設計した収益構造であり、この売上高が目標売上高になります。

売上高を達成して目標とするリターンを得る

創業・開業の目的はいろいろありますが、その1つは投資に対するリターンを得ることだと思います。最終的な目標リターンを達成するために必要な指標として、KPIを設定しましょう。

KPIとは、Key Performance Indicatorの略で、日本語では「重要業績評価指標」と言われるものです。売上を分解して解析し、達成すべきKPIを設定することが目標の達成につながります。

「分析する」というのも、もう少しかみ砕いて説明します。

例えば、売上の5割が月1回来店するリピーターだったとすると、リピーターの来店を月2回にできれば、売上は単純計算ですが1・5倍になります。

また、日替りメニューの中で生姜焼きが人気で、その日は売上が5割増しだとすると、生姜焼きを提供する頻度を上げれば売上増が見込めます。

分析するということは、こういった精度の高い数字の積重ねを行うことです。そして、そこで発見できた「売上増」のポイントをそれぞれ達成していくことで、目標売上高に近づけていくことが重要です。

4　目標売上高を立てるのがなぜ必要か

目標が高過ぎたり達成しても赤字になってしまうなどの状況に陥っていないか

さて、あれこれお伝えしてまいりましたが、そもそも飲食店を始めようとする方であれば、誰もが何らかの目標売上高は立てていらっしゃると思います。

「売上高の目標を達成しないと、事前に設計したビジネスモデルの経済価値を創出できない」――その意識は持たれているのではないのでしょうか。

しかし、その目標は、「いくらくらい」といった漠然としたものだったり、非現実的な期待値込みの高い目標だったり、逆に達成しても赤字になってしまう低いものだったり…、そのような状況に陥っていませんか。

撤退タイミングを計り間違えないためにも目標売上高を立てる

目標売上高は、文字どおり「目標」であり、日々の営業に際し指針となる大事な数値です。これをいい加減に立ててしまうと、実際の営業状態がよいのか悪いのかの判断が難しくなり、必要なテコ入れや撤退を含めた事業の再構築を考えるタイミングを逃してしまいます。

つまり、目標売上高を立てる理由は、「達成すべきチームの目線を合わせる」「現在の状況をチェックする指標」「事業を俯瞰的にとらえる客観的な判断材料」の3点になります。

「店舗立上げ当初から撤退の話?」と思われる方もいらっしゃるかもしれませんが、開店した飲食店の50%が2年後には閉店しているとも言われています。つまり、どんな店であっても、失敗する可能性が50%ある、ということです。

こう言うと「やっぱり飲食店の運営は難しいんだ」とがっかりする方もいらっしゃいますが、悲観することばかりではありません。例えば、1回目は失敗したが、2回目の起業で成功したという人もいらっしゃいますし、起業した経験を生かして企業に再就職し、やり直すといった方もたくさんいます。

もちろん、1つの店を立ち上げ、運営していくという覚悟は重要ですが、その一方で「失敗した

ら やり直そう」くらいの気持ちを持っていないと、家・家族・友人や信用など、そのすべてを失うことになりかねません。

つまり、店舗運営は、成功から失敗まで様々な選択肢を意識し、その上で精度の高い目標売上高を設定することがとても大事なのです。

前置きが長くなりましたが、まず目標売上高は、次の3種類くらいを設定しておくとよいでしょう。

・コミット売上高
・ターゲット売上高
・悲観売上高

ここからは、それぞれの売上高の立て方について、具体例をお見せしながら説明していきたいと思います。

5　コミット売上高の立て方

コミット売上高は IRR10％の売上高で設計上の目標売上高

さて、ハードルレートは場合によって異なりますが、最低限10％は必要ということは説明しました。正しく計算して WACC を用いても大丈夫です。

仮に、ハードルレートを10％と決めた場合、IRR 10％を満たす売上高が「コミット売上高」です。

コミット売上高は、第5章で解説した出店時のシミュレーションで設定されるものです。

私の経験則上、IRR 10%程度が最低限必要です。この理由は、第5章で説明しました。これは、万が一うまくいかずにコケたとしても、5%程度では落ち着いて資本コスト（資金調達コスト）とイーブンになるというイメージです。

給料を取っていれば、大きく儲かることはないが、生活はできている状態です。経営者によっては、15%や8%とするところもあるでしょう。それは、オーナーの期待利回りと負債コストによりますのでケースバイケースです。

第5章で掲載した事例1をもう1度、見ていきましょう（図表41参照）。

初期投資（I）は2，600万円、FLコスト70%（原価35%、人件費35%）、その他固定費等といったケースを想定しました。ハードルレートを10%とすると、5年間のNPVは46万円、IRRは10・7%です。ハードルレートを超えていますから、事前設計としてはプロジェクトGoというイメージです。

このモデルでスタートした場合、コミット売上高は年間4，560万円ということになります。事業が始まると、モデルどおりの収益構造とはいきませんので、そこは実績を加味しながら、正しいコミット売上高を把握しましょう。

コミット売上高は、「10%利回りを確保できる売上高」という意味合いです。これであれば、目標利回りも得られている状態ということになります。機会を見てターゲットを狙うという経営の醍醐味も味わうことができるでしょう。

6　ターゲット売上高の立て方

ターゲット売上高は自主的にストレッチした気合いの数字を設定

ターゲット売上高は、自主的にストレッチした売上高で、本当に目標とする売上高のことを指します。この目標が達成できれば、資産を投資した当初よりも増やし、万一外的・内的トラブルが発生して営業に影響があっても、しっかりと対応することができます。自己実現的な売上高でもあり、まずはIRR 20％程度を目標に置くのがよいと思います。

図表44の事例4を見てください。

事例を単純化するため次の条件を設定します。

・全額自己資金で出店したと仮定
・運転資金は考えない→スタート段階の預金はゼロ

スタート段階の総資産は2，600万円で、IRR 22％で経営した場合、5年後の総資産は5，170万円と約2倍になります。かなり乱暴にいえば、全額自己資金の場合、5年で自分の資産が2倍になったということになります。

総資産は、毎年のCFが積み上がっていく計算ですが、仮に一部を改装資金に回したとしても固定資産が増加し、貸借対照表の借方（左側）勘定科目が変わるに過ぎませんので、概ね結果は同じ

【図表 44　事例４　ターゲット売上高のケース】

ハードルレート(割引率)	10%

①初期投資額　　単位：千円

償却資産	20,000	設備、備品など。評価期間で償却を想定
非償却資産	6,000	敷金、差入保証金など
計	26,000	

②損益と経済価値の計算

科目	前提条件	0年目	1年目	2年目	3年目	4年目	5年目
売上高			52,800	52,800	52,800	52,800	52,800
売上原価	原価率35%		18,480	18,480	18,480	18,480	18,480
人件費	人件費率35%		18,480	18,480	18,480	18,480	18,480
家賃	家賃35万円/月		4,200	4,200	4,200	4,200	4,200
その他経費			2,500	2,500	2,500	2,500	2,500
減価償却費	償却資産÷5年		4,000	4,000	4,000	4,000	4,000
営業利益			5,140	5,140	5,140	5,140	5,140
営業利益率			10%	10%	10%	10%	10%
CF(EBITDA)		△ 26,000	9,140	9,140	9,140	9,140	9,140
複利現価係数		1.000	0.909	0.826	0.751	0.683	0.621
PV（現在価値）		△ 26,000	8,309	7,554	6,867	6,243	5,675

NPV	8,648
IRR	22.3%

IRRはターゲットの20%を超えている

③資産の推移

預金	(1)	0	9,140	18,280	27,420	36,560	45,700
固定資産	(2)	26,000	22,000	18,000	14,000	10,000	6,000
総資産	(1)＋(2)	**26,000**	31,140	36,280	41,420	46,560	**51,700**

5年で約2倍になる

【図表 45　図表 44 の設備投資前後の貸借対照表】

現預金	45,700	負債（借入金）	0
固定資産	6,000	純資産	51,700
※建築、設備等		※自己資本	
総資産	51,700	負債・純資産	51,700

▶

現預金20,000千円を設備投資に使ったとする

現預金	25,700	負債（借入金）	0
固定資産	26,000	純資産	51,700
※建築、設備等		※自己資本	
総資産	51,700	負債・純資産	51,700

総資産51,700千円は設備投資後も同じ

になります（図表45）。

「ターゲット売上高を達成していけば、5年で資産が2倍になる」―どうですか？　モチベーションが上がりますよね。

7　悲観売上高の立て方

悲観売上高とは資本コスト３％を前提とした場合に下回ると赤字投資になる最低限の売上高

コミット売上高がある一方で、「悲観売上高」とは、ここに達しないと赤字投資になってしまうという売上高です。赤字投資というのは、事業投資に使ったお金が目減りするということです。

この数値を達成できない場合、早急にテコ入れを行い、効果がない場合は撤退を考えなければなりません。傷口を広げないために守る「最後の砦」的な売上高です。

最悪のケースなので、オーナーがリターンを得ようなどということは考えられません。つまり、株主資本コストはゼロになります。銀行借入れからなる負債コストだけを考えればよいでしょう。

銀行の利息は、「表面金利」と「実質金利」があることは前述のとおりですが、この場合は「表面金利」で見れば大丈夫です。つまり、出店時に借りた銀行の金利以下にIRRが落ちてはならない、それが概ね３％程度ということです。厳密に３％であるかは、事業者やプロジェクトによって異なるので計算する必要があります。これは、第4章をご確認ください。

資本コスト3％を前提とした場合、IRRがこれを下回ると赤字投資になります。IRR3％の売上高とは、いわばギリギリの最低限の売上高のことです。このラインを知っておくことは、経営をしていく上で非常に重要です。

これまでにも述べていますが、店舗を撤退するかどうかのジャッジはリアルタイムで追っかけていく必要があります。その1つの指標になることは間違いありません。

図表46の事例5を見てください。

ここは、毎期のCFは出ていますが、損失が発生しています。

会社により異なりますが、資本コストを下回るIRRで運用するということは、その分だけ損失が出ているということになります。

仮に資本コスト3％でIRRが2％の場合、その差1％分の損失が投資によって発生しているということです。つまり、赤字投資に陥っています。

資本コストを下回るリターンしか得られない投資は、実行前ならやめるべきですし、実行後であっても最低限ここは上回るように努力しなければなりません。

では、図表47の事例6はどうでしょうか。

資本コストと同程度のIRRが出ています。そのため、儲けもないし損もしていない状態ということです。今すぐ撤退は考えなくてもよさそうですが、今後、CFを上げるための策は考えなくてはいけません。

【図表 46　事例５　資本コストを下回る IRR のケース】

ハードルレート(割引率)	10%	
資本コスト	3%	**※WACCなど**

①初期投資額　　単位：千円

償却資産	15,000	設備、備品など。評価期間で償却を想定
非償却資産	5,000	敷金、差入保証金など
計	20,000	

②損益と経済価値の計算

科目	前提条件	0年目	1年目	2年目	3年目	4年目	5年目
売上高			40,200	40,200	40,200	40,200	40,200
売上原価	原価率35%		14,070	14,070	14,070	14,070	14,070
人件費	人件費率38%		15,276	15,276	15,276	15,276	15,276
家賃	家賃35万円/月		4,200	4,200	4,200	4,200	4,200
その他経費			2,500	2,500	2,500	2,500	2,500
減価償却費	償却資産÷5年		3,000	3,000	3,000	3,000	3,000
営業利益			1,154	1,154	1,154	1,154	1,154
営業利益率			3%	3%	3%	3%	3%
CF(EBITDA)		△ 20,000	4,154	4,154	4,154	4,154	4,154
複利現価係数		1.000	0.909	0.826	0.751	0.683	0.621
PV（現在価値）		△ 20,000	3,776	3,433	3,121	2,837	2,579

NPV	△ 4,253	
IRR	1.3%	**IRRが資本コストよりも低い状態**

借入金残高	5年返済	20,000	16,000	12,000	8,000	4,000	0
利息	簡易計算		540	420	300	180	60
利息累積			540	960	1,260	1,440	1,500

5年間のCF	770	0〜5年目におけるCF(EBITDA)の合計
5年間の金利	1,500	
差額	△ 730	**毎期のCFは出ているが、差額分は損をしている状態**

【図表 47　事例６　儲けも損もないケース】

ハードルレート(割引率)	10%	
資本コスト	3%	※WACCなど

①初期投資額　　単位：千円

償却資産	15,000	設備、備品など。評価期間で償却を想定
非償却資産	5,000	敷金、差入保証金など
計	20,000	

②損益と経済価値の計算

科目	前提条件	0年目	1年目	2年目	3年目	4年目	5年目
売上高			40,980	40,980	40,980	40,980	40,980
売上原価	原価率35%		14,343	14,343	14,343	14,343	14,343
人件費	人件費率38%		15,572	15,572	15,572	15,572	15,572
家賃	家賃35万円/月		4,200	4,200	4,200	4,200	4,200
その他経費			2,500	2,500	2,500	2,500	2,500
減価償却費	償却資産÷5年		3,000	3,000	3,000	3,000	3,000
営業利益			1,365	1,365	1,365	1,365	1,365
営業利益率			3%	3%	3%	3%	3%
CF(EBITDA)		△ 20,000	4,365	4,365	4,365	4,365	4,365
複利現価係数		1.000	0.909	0.826	0.751	0.683	0.621
PV（現在価値）		△ 20,000	3,968	3,607	3,279	2,981	2,710

NPV	△ 3,455	
IRR	3.0%	**資本コストと同程度のIRR**

借入金残高	5年返済	20,000	16,000	12,000	8,000	4,000	0
利息			540	420	300	180	60
利息累積			540	960	1,260	1,440	1,500

5年間のCF	1,823	0〜5年目におけるCF(EBITDA)の合計
5年間の金利	1,500	
差額	323	**大きな儲けもないが、損もしていない状態**

３種類の目標を基準に自分のポジションを知ることが大事

３つの売上高をご紹介しました。何となく、構造はわかっていただけたかと思います。

３つの売上高目標は、それぞれ目的が異なりますが、いずれも重要な目標です。ぜひこの３種類の目標を活用して、日々の運営に役立てていきましょう。

8　撤退基準を知っておくこと

撤退基準とは

飲食店を経営していく上でもう1つ重要なのが、「撤退基準」についてです。すなわち、「お店の経営を閉める基準」を持っておくことです。撤退基準は、至ってシンプルに考えられます。

撤退基準は、償却前利益がマイナスの状態です。計算式は、法人であれば、「経常利益＋減価償却費」（※償却前経常利益と言います）であり、個人事業主であれば、「青色申告特別控除前の所得金額＋減価償却費－事業主の必要所得」ということになります。

なお、必要所得＝生活に必要な所得金額のことを指します。便宜的に、個人事業主の値も償却前利益と呼ぶことにします。

【図表48　撤退基準は償却前利益がマイナスの状態】

■法人の場合

売上高	①	100
売上原価	②	30
その他経費	③	50
（内　減価償却費）	④	10
営業利益	⑤=①-②-③	20
支払利息	⑥	5
経常利益	⑦=⑤-⑥	15
償却前利益（経常利益基準）	⑦+④	25

■個人事業主の場合

売上金額	①	100
経費	②	50
（内　減価償却費）	③	10
差引金額	④=①-②	50
専従者給与	⑤	10
青色申告特別控除前の所得金額（≒経常利益）	⑥=④-⑤	40
事業主の必要所得	⑦	30
償却前利益（便宜的にそう呼ぶ）	⑥-⑦+③	20

赤字＝撤退ではない

利益の赤字は、直ちに事業資金の毀損には繋がりません。なぜなら、そこには過去に支払済み投資の減価償却費が含まれるからです。

その減価償却費を利益に足し算した金額は「償却前利益」と言われ、簡易的なCFを示していることは何度も説明したとおりです。

これが多少でもプラスであれば、儲かってはいないが、事業資金が減ることはない状態。逆に、借入金の返済や金利の支払いに当てるためのキャッシュを少しでも稼いでいる状態です。よって、赤字でも撤退はすべきではないという結論になります。

個人事業主であれば、ここから事業主

の必要所得を控除します。個人事業の青色申告決算書には、事業主の給与分が含まれていないからです。

償却前利益のマイナスが続くのなら撤退の検討必要

償却前利益がマイナスならば、事業資金が目減りしている状態です。個人事業主であれば、オーナーの個人資産を切り崩している状態です。この状態が続くのならば、撤退を検討する必要があります。

飲食業には季節指数（月による繁閑があり、売上が季節要因で変動する）があるため、本来であれば年間貢献ベースで判断すべきですが、12か月間の移動合計・平均が下降トレンドならば、先を見て考えたほうがよいでしょう。

図表49の事例を見てください。これはとある飲食店のCFの推移を表したものです。

撤退してもその経験は必ずプラスになる

このことから見てもわかるように、ゆるやかにCFが下降しているのがわかります。データではっきりと撤退ラインを知ることは、実は、「感情をコントロールすること」に役立ちます。

撤退は、非常に辛い判断です。特に1店舗の個人事業主となれば、お店は自分の城なわけですから、その悔しさ、惨めさ、悲壮感など、様々な感情が湧き上がってきます。

しかしその一方で、この感情が、正常な判断を狂わせる要因になります。前述のとおり、創業・開業は、人生という本における1つの章に過ぎません。その結末が撤退だったとしても、次の章で

【図表 49　ある飲食店の CF の推移】

年月		単月CF	移動合計
X-2年	1月	10	
	2月	5	
	3月	15	
	4月	13	
	5月	8	
	6月	8	
	7月	9	
	8月	7	
	9月	8	
	10月	9	
	11月	12	
	12月	20	124
X-1年	1月	9	123
	2月	4	122
	3月	13	120
	4月	11	118
	5月	6	116
	6月	6	114
	7月	7	112
	8月	6	111
	9月	7	110
	10月	5	106
	11月	7	101
	12月	15	96
X年	1月	6	93

※　移動合計　＝　過去12ヶ月間のCF合計金額

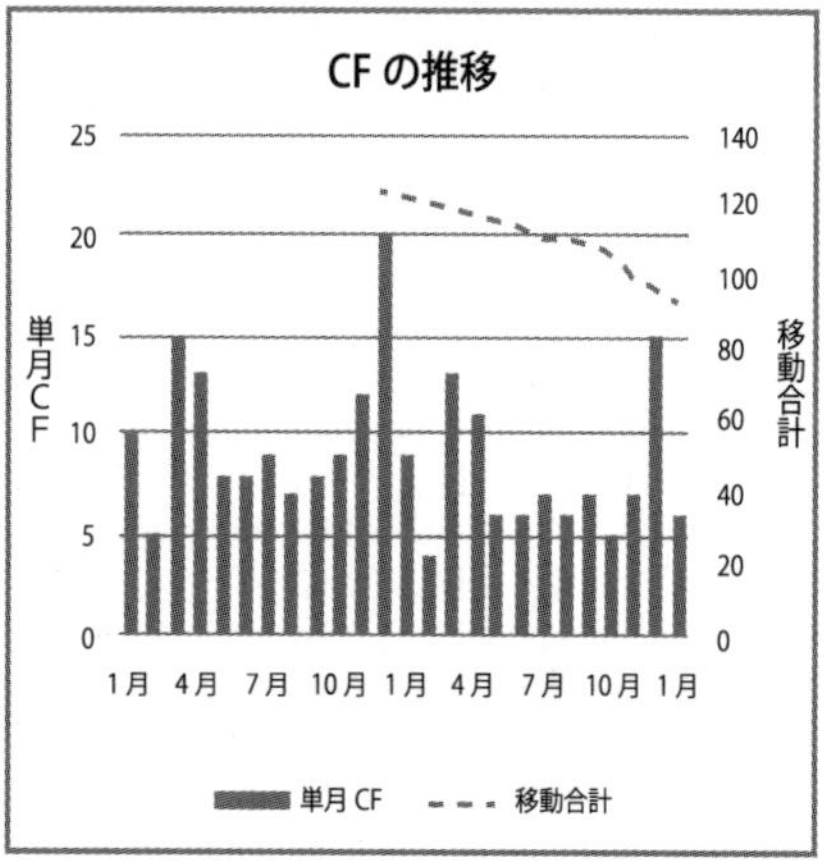

■CFのトレンドが下がっている（観測）

・何によって悪化しているかを分析する
　原因は売上なのか、原価率なのか etc
・トレンドを改善するために対策を打つ
・トレンドが改善されない場合は
　業態転換等の抜本策も考える
・すべてやりきっても無理そうな場合で、
　将来のCFがマイナスに陥る可能性があるならば
　撤退も視野に入れる
　例えばパンデミック等の、自身では手の施しようがない外部環境の変化など。
　やめるにもお金がかかるため、判断は早めに。

は新しい物語をスタートさせなければならないのです。

そこで、感情を抑えつつ現実をしっかりと直視するためには、数字による撤退ラインは自らを納得させる重要なエビデンスにもなります。また、「頑張ったけれど結果こうなったんだから、お店を閉めよう」という納得感にもつながります。

余談ですが、私の知人にも、フランス料理店（ビストロ）をオープンさせ、当初は好調だったが客足も遠のき、閉店に至った人がいます。閉める決断は相当なものだったでしょう。しかし、現在では、その経験を生かし、飲食企業のアドバイザー的立ち位置で活躍しています。

たとえ撤退に至っても、それがキャリアになりますし、その経験を元にステップアップすることは十分に可能なのです。むしろ事業と真剣に向かい合ったという経験は、貴重なものとなるでしょう。

実は、私自身も1度起業に失敗していますが、現在は、企業の役員として、あるいは経営コンサルタントとして忙しい毎日を送っています。たとえ撤退したとしても、経営したからこそわかる視点は、必ずや財産となる。私はそう思っています。

9　目標売上高と投資金額の見直しは3か月に1度行う

目標売上高の点検は必ず定期的に

さて、目標売上高が決まったからそれで終わりではありません。定期的に見直す必要があります。

目標売上高だけを見直すというよりも、利益やCFの通期目標を達成させるために、すべて点検する必要があります。

オーナーで1店舗ならば、自分で考える必要がありますが、多店舗展開等による企業経営ならば、幹部会議で検討すべきと思います。こうした活動に外部コンサルタントを入れるメリットは、当事者目線ではなく、客観的に現実から対策を考えられる点にあります。

当事者の多くは、自分たちの置かれた現実の延長線で物事を考えがちですが、第三者であれば、本来あるべき姿などから事実を見ていくことができるからです。

投資金額は、確定してしまうので見直しはできませんが、そこをにらみながら目標売上高・利益額など、キャッシュフローの通期目標を達成すべくすべてを点検しましょう。

図表50を見てください。これは、3か月経過して3月実績が出た状態です。計画と比べて、売上も下がっていて、原価率、人件費率が悪化しています。これによって、通期目標が達成できない見通しです。

さて、皆さんならどんな改善計画を立てますか？

私ならこう考えます。

・売上の減少傾向があり、今後も続くかもしれない

↓テイクアウト、デリバリー等で積み上げられないかを検討するなど

・原価高騰は食材Aの値上げ、新入社員のオーバーポーションが原因だった

【図表50　計画に比べて売上も下がり、原価率、人件費率が悪化】

▪当初計画

計画	1月	2月	3月	4月	5月	6月	7月	8月	9月	10月	11月	12月	通期
売上高	99	72	107	116	90	90	90	81	99	90	107	161	1,202
売上原価	32	23	34	37	29	29	29	26	32	29	34	52	385
人件費	35	25	37	41	32	32	32	28	35	32	37	56	421
家賃	15	15	15	15	15	15	15	15	15	15	15	15	180
その他経費	5	5	5	5	5	5	5	5	5	5	5	5	60
減価償却費	3	3	3	3	3	3	3	3	3	3	3	3	36
営業利益	10	1	12	15	7	7	7	4	10	7	12	30	121
(%)	10%	1%	12%	13%	7%	7%	7%	5%	10%	7%	12%	19%	10%
CF(EBITDA)	13	4	15	18	10	10	10	7	13	10	15	33	157
売上原価	32%	32%	32%	32%	32%	32%	32%	32%	32%	32%	32%	32%	32%
人件費率	35%	35%	35%	35%	35%	35%	35%	35%	35%	35%	35%	35%	35%

▼

▪ローリング

	実績値	実績値	実績値	実績を基に見直した修正計画										
見通し	1月	2月	3月	4月	5月	6月	7月	8月	9月	10月	11月	12月	通期見通	
売上高	94	86	96	116	93	93	93	84	102	93	110	164	1,225	4月に準備して 5月デリバリースタート
売上原価	30	28	33	38	31	31	31	28	34	31	36	54	403	
人件費	33	30	37	41	33	33	33	29	36	33	39	57	432	
家賃	15	15	15	15	15	15	15	15	15	15	15	15	180	
その他経費	5	5	5	5	5	5	5	5	5	5	5	5	60	
減価償却費	3	3	3	3	3	3	3	3	3	3	3	3	36	
営業利益	8	6	4	14	7	7	7	4	10	7	12	29	114	
(%)	9%	6%	4%	12%	7%	7%	7%	5%	9%	7%	11%	18%	9%	
CF(EBITDA)	11	9	7	17	10	10	10	7	13	10	15	32	150	CFは当初計画の 水準まで改善させる
売上原価	32%	32%	34%	33%	33%	33%	33%	33%	33%	33%	33%	33%	33%	食材高騰。しばらく 高止まりの予想
人件費率	35%	35%	38%	35%	35%	35%	35%	35%	35%	35%	35%	35%	35%	

↓Aの代替食材を、B業者さんに提案してもらおう
↓レシピを元に講習を実施して、適正ポーションを理解してもらおう
・人件費
↓まずは売上と原価の施策で様子をみよう。4月以降で状況が続けば、シフトの見直しを行う
ドラスティックなローリング例ですと、業績を改善する予定の店舗が想定どおりにいかないため、撤退を含めた通期計画の見直しなどもあり得ます。

3か月に1度の見直しが店の未来を形づくる

損益計算書の計画だけではなく、設備投資計画の見直し、撤退、出店などの計画変更を行って、期初の計画よりもよい数字になることは十分にあります。また、売上が想定より好調な場合であっても、計画ローリングの材料になります。上方修正して、さらにチャレンジングな目標にすることだってできます。いずれにしても、3か月に1度程度は見直しを行っていくことが必要でしょう。

10　資金繰り管理の基礎知識

お金の流れの確認は経営の基本のき

売上という意味での数字を追っかけることも非常に大事ですが、もう1つ大事なのが「資金繰り

の管理」で数字を追いかけることです。ぜひこの「お金の流れ」は、基礎知識として理解しておきましょう。

月ごとの収支を1年分集計すると、1年の中で大体のお金の流れがわかってきます。すると次年度どのような方策を取ればいいかが自ずと見えてきます。お金の流れを把握し、さらに投資金額に見合っているかが判断できるようになれば、経営者としての基礎力はついたと言えるでしょう！

お金の流れに着目する場合、損益計算書よりも資金繰り表（収支なので損益とも違う）を見るほうが適しています。今は預金もインターネットバンキングから引っ張れますので、売上、仕入、消耗品などの勘定科目に分けて集計することをおすすめします。

すると、損益だけでは見えてこない、消費税の納付、借入金返済など、すべての資金収支がすっと頭に入るようになります。点だったものを線にして考えるということですね。

資金繰りの本質

資金繰りの本質は、過去の数字を見ることではなくて、将来の収支予定（予定資金繰り）をどれだけ正確に把握できるかにあります。

そのためには、勘定科目別に分けて資金繰り実績を整理し、将来の資金繰り計画を立てていくことが何よりも重要です。

参考までに、資金繰り表のイメージを載せておきます（図表51）。

【図表51　資金繰り表のイメージ】

			実績	実績	実績	予定	予定	予定	予定	予定	予定	予定	予定	予定		
科目			1月	2月	3月	4月	5月	6月	7月	8月	9月	10月	11月	12月	合計	
前月繰越普通預金 (A)			260	228	186	162	235	255	531	542	251	229	200	137	260	
収入	売上代金	現金収入	220	200	280	290	220	250	250	230	240	240	260	380	3,060	
		売掛金回収	250	120	100	150	160	120	100	110	90	120	150	150	1,620	
	計 (B)		470	320	380	440	380	370	350	340	330	360	410	530	4,680	
支出	仕入	仕入	200	129	150	129	126	119	116	112	122	139	180	140	1,663	
	経費	人件費	210	141	163	141	137	130	126	122	133	152	196	150	1,799	
		地代家賃	50	50	50	50	50	50	50	50	50	50	50	50	600	
		消耗品費	2	2	2	2	2	2	2	2	2	2	2	2	24	
		税金納付	1	1	1	1	1	50	1	1	1	1	1	1	61	6月に消費税と法人税等の納付
		その他	4	4	4	4	4	4	4	4	4	4	4	4	48	
	計 (C)		467	327	369	327	320	355	298	291	313	348	433	347	4,195	
営業収支(D=B-C)			3	△7	11	113	60	16	52	49	17	12	△23	183	485	
差引計(E=A+B-C)			263	221	197	275	295	271	582	591	269	240	177	320	745	
投資	回　収(F)														0	
	支　出(G)									300					300	8月新規出店を計画
	投資収支　(H=F-G)		0	0	0	0	0	0	0	△300	0	0	0	0	△300	
財務	調達	借入金						300							300	3月の決算後に資金調達
		計(I)	0	0	0	0	0	300	0	0	0	0	0	0	300	
	返済	元利返済	30	30	30	35	35	35	35	35	35	35	35	35	405	
		リース料	5	5	5	5	5	5	5	5	5	5	5	5	60	
		計(J)	35	35	35	40	40	40	40	40	40	40	40	40	465	
財務収支（K=I-J)			△35	△35	△35	△40	△40	260	△40	△40	△40	△40	△40	△40	△165	
経常収支(L=D+H+K)			△32	△42	△24	73	20	276	12	△291	△23	△28	△63	143	20	
翌月繰越普通預金(M=E+L)			228	186	162	235	255	531	542	251	229	200	137	280	280	

11　最悪の経営判断は「償却前利益が出ているかどうか」

償却前利益が出ているか、出ていないかが撤退の最終判断

繰返しになりますが、償却前利益がプラスであれば、お店を営業した結果、お金が増えている状態のことを指します。逆に、マイナスであれば、お金が減っている状態のことを指します。増えている状態であれば継続し、改善によってプラスを増やしていけばよいといえるでしょう。

ただし、注意して欲しいのが、償却前利益がプラスでも、現実には借入金の返済等、損益計算書には載らない支出が存在します。そのため、借入金等の返済をすべてカバーできているかにも気を配りましょう。これは、資金繰り表を作成しないと見えてこないものです。

とはいえ、継続の可否は、やはり償却前利益です。借入金返済等の財務的な支出は、改善が見込めさえすれば返済停止などの協力を要請することができるからです。

償却前利益がプラスの場合は、簡単に言うと店舗経営からCFは創出できている状態です。借入金返済等の財務支出を考慮するとマイナスとなっている場合は、債権者に協力を依頼することで再建を目指すことができます。

例えば、一時的に銀行に返済を猶予してもらうとか、改善期間をつくるために支援してもらうということです。この場合、現在の問題点を正しく理解していて、それに対する対策とともに、計画

を立てていくのが絶対条件です。

よく「銀行の心証を悪くしたくないから、悪い情報は言わない」という方がいらっしゃいますが、これは全くの逆行為。銀行は、無策な人をサポートしませんので、マイナスになっている場合は、真摯に考えて資料をまとめましょう。

マイナスは長く続けられるものではないと心得て

一方、償却前利益がマイナスで、今後も改善が見込まれない場合、可及的速やかに撤退を検討するのがよいと考えています。だって、事業からCFが創出できていないのですから。これは人生そのものを路頭に迷わせないための英断ともいえるでしょう。

このように、償却前利益がプラスであれば、店舗を継続する1つの判断基準になりますが、償却後利益の赤字の場合は、投資回収が進んでいない状況になります。これまで伝えているとおりですが、投資に対するリターンを考えたときには、償却後利益の赤字は「赤字投資」ということになります。

例えば、勤めていたときの給与と同水準の役員報酬（個人事業主ならば生活費）を確保したとして、償却前利益がプラスであれば生きていける状態にはありますが、償却後利益がマイナスなのであれば、出店時に使った資金は回収できずに、投資としては損をしているということになります。

当然ですが、マイナスな状況は長く続けられるものではありません。状況を見つめて適切な判断をするのもまた、経営者としての役割です。

第7章　これからの飲食店経営に必要なこと

1　飲食業界のウィズコロナ、アフターコロナで大切なこと

これまでのやり方では通用しないと知る

コロナの流行は、言うまでもなく飲食業界にも大きな変化をもたらしました。今までのセオリーが全く機能しなくなったと言っても過言ではないでしょう。

しかし、では、今後の飲食業界がお先真っ暗かというと、そんなことはありません。むしろ、やり方によっては、今より経営を上向きにさせることも可能なのです。

本章では、これからの時代を生きる飲食店に必要なことをテーマに進めていきます。

コロナの影響で、厳しい経営状況が続いている飲食店は数多くあるかと思います。皆さんのお店は、いかがでしょうか。

このような事態の中、飲食店経営をする上でとても大事なことがあります。それは、コロナによる客足の減少や経営悪化などに対して、「いずれは戻るだろう」という楽観論は捨て去ることです。

コロナがきっかけとなり起こった「消費者の志向の変化」や「経営環境の変化」は、これからも当たり前に続いていくと考えるべきです。コロナありきで、お客様に満足を届けるにはどうすればよいのか。思考を止めずにそれぞれが考えなければなりません。

報道番組では、度々コロナで打撃を受けた飲食業界について取り上げられていますが、たまたま

目にした飲食店へのインタビューで、「ここを耐えれば、競合が減って儲かるようになる」と答えていた経営者がとても印象的でした。

「競合店が減ることであふれた飲食需要が、自分の店に流れてくるだろう…」といったような、いわゆる〝オイシイ〟状況を夢見ているのだと思いますが、その考えは「甘い」と言わざるを得ません。なぜならば、消費者が飲食店に行こうと考える際の利用動機がすでに他の様々な供給網によって代替されているからです。

その1つが、急速に広がったデリバリーサービスです。「家でつくったものではなく、お店の料理が食べたい」という動機は、UberEats（ウーバーイーツ）のようなデリバリーやテイクアウトという供給網に代替されました。

それだけではありません。「皆で一緒に飲みたい」、「一堂に会する場を設けたい」といった動機も、〝Zoom 飲み〟などオンラインツールを利用した手段により、叶えられるようになってしまいました。

「コロナ禍で飲食店に行けなくても、（代替手段があるから）思っていたより支障がない」と消費者の多くが気づき始めていることを、飲食店経営者は重く受け止めるべきなのです。

私自身も、外食がとても好きでしたが、今ではよほどの理由がない限り、外食をしなくなりました。ランチは、基本的にお弁当を買いますし、ディナーの外食はほとんどしていません。

お店以外で食事することを第一に考えて、どうしても必要な場合にだけお店へ食事をしに行くというように、思考パターンが変わりました。皆さんはいかがでしょうか？

もちろん、日本国民の全員がそうではないと思いますが、そのような考えの人が増えたというのは認識しておくべきです。

「なぜ」お店に来てもらうのかを突き詰めて考えた店づくりを

これからを生きる飲食店の多くは、「わざわざお店に行かなくてもよい」というハードルを越えて、自分のお店へ来てもらう利用動機をつくり出さなければならないでしょう。

「もっと料理の質を上げればよいのだろうか」とか、「自分の店にしか出せない名物をつくろう」と意欲的な方もいれば、「有名店でもないし、うちには無理だ…」などと、悲観的になってしまう方もいらっしゃるかもしれません。

いずれにしても、利用動機をつくり出そうと考える際、まず注目しておくべきことは、「ミシュランガイドに掲載されるようなお店ですら、今回のコロナで経営に苦戦している」ということです。放っておいてもお客さんが来るような評価の高い店は、優れた料理やサービスを提供しているのは消費者から見ても明らかです。当然、前述した利用動機のハードルなど、いとも簡単に越えてくるかと思いきや、現実にはそううまくはいっていません。

なぜならば、そうした有名店のほとんどは、接待などのビジネスユースを前提に経営が成り立っているからです。

コロナの影響が本格的に出始めた2020年3月頃から、多くの企業において取引先との接待や社内の歓送迎会など、飲食を伴う企業活動は激減していきました。現在でも、会食する人数を制限したり、対面接待を自粛したりといった企業が大半で、世の中全体の流れは自粛期間中とさほど変わっていません。

つまり、利用動機を考えるのに必要なのは、「世の中や環境の変化にどれだけ適応していけるか」、この1点にかかっています。

思い切った業態変更も視野に入れる

環境の変化に適応さえできれば、コロナのような未曾有の出来事にも負けず、長く飲食店経営を続けていくことは決して難しくはありません。

デリバリーやテイクアウトなど、新しい供給ルートの導入を考えるのはもちろんです。様々な方向から収益を上げられるアイデアを検討してみましょう。

例えば、

・本業は小売店として再定義し、自宅でもお店で食べているようなハレ感を演出できる惣菜を販売する

・お店の料理を自宅でもつくることができる調理キットを販売する

・広く集客するためにぼやけていたコンセプトを絞り込んで明確化する

・お店のブランドを生かした食品を開発して販売する

など。

利用動機のハードルを越えるために、「やっぱりお店で食べたい！」と思わせるにはどうしたらよいのか、とことん考え抜いて見るのもよいでしょう。

私自身、馴染みのやきとん屋さんが恋しいですし、お店じゃないと食べられない料理なので足を運びますよね。

思い切ったアイデアを出すためには、「店の質を下げたくない」、「料理の味を外部に出したくない」、「うちは創業時からテイクアウトはしない主義」といったプライドは、かなぐり捨てる必要があります。

ちなみに、デリバリーサービスの導入を検討している方の中には、アルバイト配達員のクオリティの低さなどに不安を感じ、導入をためらっている方も多いのではないでしょうか？

すべてのデリバリーサービスに当てはまることではありませんが、料理を入れたバックを地面に直接置いてしまったり、ときには公衆トイレの前に置いてしまったり…。そのような光景を偶然目にした経験があるのですが、言うまでもなく、気持ちのよい印象は受けませんでした。

どんなによい料理を提供しても、配達員がそのような行動を取ってしまっては、店側の努力が台無しになってしまいます。かといって、この状況下でデリバリーサービスの導入を諦めたくないですよね。

そんなときも、ぜひアイデアを巡らせてみてください。

例えば、「近隣のお店と共同して、接客員が独自の配達網をつくる」とか、「店のコース料理を定期ルート配達で届ける」というようなことが実現できないだろうかと考えてみるのもよいですね。ウィズコロナ、アフターコロナを生き残るためには、世の中や消費者の思考が大きく変化したという現実をしっかり受け入れ、それらに合わせて自分自身も柔軟に変化していくことが、必要不可欠といえるでしょう。

2　ソーシャルディスタンスを意識した店づくりを

消費者心理に寄り添い安心感を与えることが重要なポイントに

今では、飲食店はもちろん、街の至る場所でコロナ対策がされ、日常の風景となりました。皆さんのお店では、どのような対策をされているでしょうか。

コロナ以前、連日多くのお客さんで賑わっていた、サイゼリヤなどのファミリーレストランにおいては、かなりの座席数を減らしていますし、お客さん同士の距離が近い吉野家などカウンターがある飲食店では、１席ごとに飛沫防止のボードが設置されています。

消費者としては、こうした目に見える対策がきちんと取られているだけでも、安心して利用することができますよね。

職務に関しての満足や不満足を引き起こす要因について分析した理論「動機づけ・衛生理論（二

要因理論とも言う）」は、アメリカの臨床心理学者であるフレデリック・ハーズバーグが提唱した有名な理論ですが、彼はこんなことを言っています。

・人の満足度は、ある特定の動機づけ要因が満たされると上がり、不足すると下がるというわけではない。

・「満足に関わる要因（動機づけ要因）」と「不満足に関わる要因（衛生要因）」は別のものである。

動機づけ要因だけではなく衛生要因にも気を配るべき

つまり、人の満足度は、動機づけ要因を刺激することでプラスに働く「加点方式」であり、衛生要因を欠くことでマイナスに働く「減点方式」だということです。

衛生要因（職場環境や給与など）を欠いていれば満足度が下がるだけでなく、それを満たしたとしても満足度は上がらないということ。そして、あくまでも動機づけ要因（昇格や達成感など）が満足度を上げるには不可欠だということです。

この理論は、消費者の心理分析にも転用することができます。

まず、衛生要因については、お店の清潔さや店員の言葉使い、安心安全への配慮などが挙げられます。減点方式なので、不足すればその分、不満足度が上がります。

例えば、トイレがきちんと掃除されている、店内にゴミが落ちていないといったことが、適切に管理され満たされている場合、お客さんのプラス（喜びや感動）にはつながりませんが、欠けてい

【図表52　お客様の事前期待を想定した対応を】

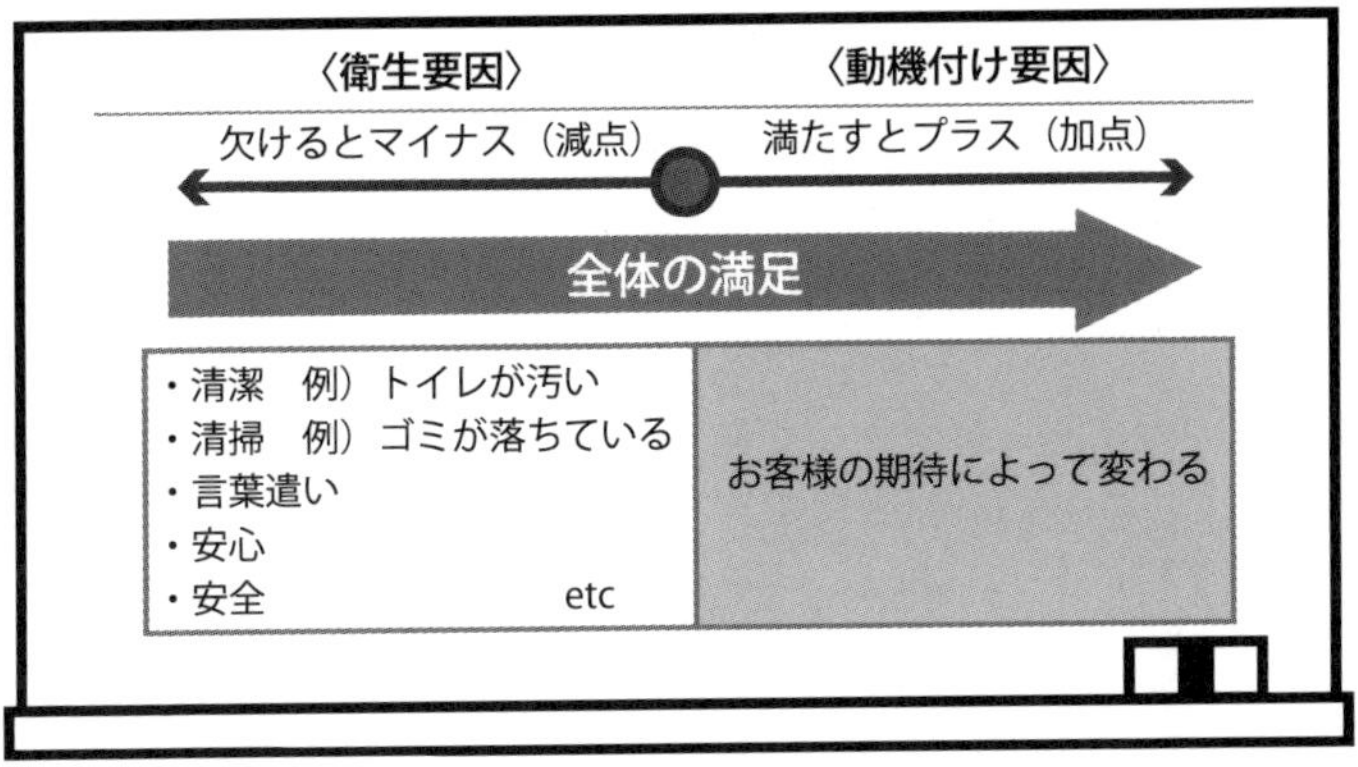

る場合はマイナス（不満足）につながるというわけです。

一方、動機づけ要因については、料理の美味しさ、行き届いたサービスなど様々な要因があり、加点方式なので、満たせば満たすだけ満足度が上がります。

ただし、ここで注意しておいてほしいのは、「動機づけの要因がお客さんの事前期待によって変わる」ということです。

例えば、来店した際、「想像していたより、とてもよい！」というような、事前にお客さんがイメージしていた期待水準を超えることができれば加点になります。逆に、「想像していたほどよくなかった…」というような期待水準を超えられない状況であれば、お客さんの心が大きく動くことはありません。お客さんの期待度によってお店に対する満足度が左右されるので、確かに難しい一面はあります。

動機づけ要因で満足度を上げたい場合、そうしたお客さんの事前期待を想定した対応を考えることがキーポイントになるでしょう。

潜在的な期待値にも積極的に働きかけることが重要に

それでは、満足をさらに超えた「感動」をお客さんに提供したいときは、どうすればいいのでしょうか。そのために重要となるのは、事前期待のない「潜在的な期待値」に働きかけることです。

皆さんは、飲食店で思ってもみなかった嬉しいサービスをふいに受けて感動してしまった…という経験をお持ちではないですか？

例えば、バースデーケーキや、記念日のプチプレゼントなど、いわゆるサプライズで提供するサービスは、まさに潜在的な期待値に働きかけるサービスといえるでしょう。

また、コロナ禍によって生まれた新しい生活様式の中では、衛生要因が動機づけ要因に転じるというケースがあるということも、知っておいていただきたいことの1つです。

図表52にある「安心」や「安全」は、これまでは衛生要因として、欠いている状態であればマイナスに働くものでした。しかし、ニューノーマル時代においては、衛生要因であるということ自体は変わらないものの、全体の満足度に与える影響も大きくなりました。

つまり、「安心」や「安全」は、今後、動機づけ要因にさえなってしまう可能性があるのです。

ソーシャルディスタンスをしているかしていないかが動機づけにつながる時代

具体例として、先日、私が2つのファミリーレストランに行って経験したことをご紹介します。

A社のファミレスでは、席の間隔が十分に開けられていました。一方で、B社のファミレスに行ってみると、飛沫防止のボードは設置してあるものの、隣の席との間隔は従来どおりだったのです。

たったこれだけのことでしたが、私はA社のお店をリピートするようになり、B社のお店は意識的に避けるようになりました。

このように、これまでは単なる衛生要因だったことも、今後は再利用の動機づけになり得るということを、ぜひ心に留めておいていただければと思います。

ニューノーマル時代、店舗運営も柔軟に変化を

前項でもお伝えしましたが、これからの飲食店経営には、世の中の環境や生活様式が変わったことを率直に受け止めて、真摯に対応していくことが求められます。

「いずれよくなるだろう」と何もしないでいるのではなく、「変化したのだから、それに合わせた対応を考えよう」という方向性で動いていかなければならないのです。

そうなると、「じゃあ、うちの店は何をやるべきなのだろうか」、「今の時代だからこそ、提供できるものって…」と悩んでしまう方がいらっしゃるかもしれませんが、実は、「お客さんの事前期待に応える」という点で、物事の本質はそれほど変わっていません。

たとえ世の中や時代が変わっても、お客さんが今求めているもの、欲しいもの、心地よいと感じるものは何だろう？　と、どれだけお客さんのことを考えられるかが飲食店経営には重要なのです。

そのためには、今のニーズを探って効果的な戦略を導き出せるようなマーケティング力が必要不

可欠。当たり前のことですが、ニュースやＳＮＳなどで時代のトレンドをつかみ、顧客動向をつぶさに見ていくことが今後一層求められることは間違いありません。

3　新時代の客単価アップ法はこれだ

客単価アップのアイデア

コロナの影響で、ただでさえ来店客数が伸び悩む中、ソーシャルディスタンス確保のためにそもそもの席数まで減らさなければならない現在。お客さん1人当たりの単価を上げるのは、どんなお店でも喫緊の課題といえるでしょう。

しかし、「なかなかよいアイデアが思い浮かばない」、「じっくり考えている暇がない…」という方もたくさんいらっしゃることでしょう。そこで、少しの工夫で比較的実践しやすく、イートイン以外の売上を積み上げる手段として有効な、「客単価アップ方法」のアイデアをいくつかご紹介します。

テイクアウト・お土産

すでに導入しているお店も多いことでしょう。メニューを増やしたり、セットで買いたくなるサイドメニューをつくったりするなど、さらなる単価アップの工夫もできそうです。

デリバリー

テイクアウト同様、導入済みのお店が多いかもしれません。デリバリーサービスを利用する場合には、配達員の質やコストについてもしっかり比較検討しておきたいですね。現在はUberEatsが強いですが、サービスの成熟にしたがってマーケットリーダーが変わることも十分想定されます。

半製品のテイクアウト

完成した料理ではなく、「あとは焼くだけ」といった最後の1工程を自宅で行うことで仕上がる「半製品」をテイクアウトで販売します。

お店の味にかなり近いものが提供できますし、完成品のデリバリーよりも美味しい出来立てが食べられるという点も魅力に感じるお客さんが多いのではないでしょうか。

商品のPB（プライベートブランド）化、ECでの販売

お店の料理を、自社ブランドの商品として販売するという方法です。売り方としては、店舗で直接販売するほか、Webで商品を販売できるECサイトを利用するというのもよいでしょう。

例えば、「BASE（ベイス）」などを使うと、コストもそれほどかからずに簡単にネットショップをスタートできます。

ただし、ECは競争が激化していますから、単にお店を開いたから売れるということではありま

せん。かなり研究しなければ、収益の柱にすることは難しいと考えてください。

地域食材の販売（小売業化）

お店の料理以外の商品販売に踏み切るという方法もあります。たとえば、近所の畑で収穫した地元ならではの野菜を売ってみたり、それらを使った惣菜商品などを開発してみたりするなど。

地域に根づいた活動は、お店をより身近に感じてもらえるきっかけとなるかもしれません。

バーチャルレストランの製造受託

バーチャルレストランの調理を自分のお店のレストランで請け負う方法です。バーチャルレストラン（ゴーストレストラン）とは、実店舗に依存することなく、あらゆる業態の料理提供をデリバリーで行う飲食店のことです。アメリカではすでに数年前から流行しており、私が執行役員をしている株式会社Globridgeの提供サービスが急拡大しています。

顧客の資産化とSNSの活用、販売チャネルの開拓

来店アンケートなどで手に入れた顧客リストは、お店が積み上げてきた大切な資産です。メールやLINE（ライン）といったコミュニケーションツールをフル活用し、それぞれの顧客に向けてECサイトなどの商品を売ることができる販売チャネルをつくりましょう。

私が利用しているビストロを例に取ると、LINE@を使って、お店の料理の自宅用半製品をプロモーションしています。週によって商品内容が変わる工夫がされており、「今週は何だろう?」という楽しみにもなっています。

いかがですか?

皆さんのお店で取り組むとしたら、どのような方法がマッチしそうでしょうか?

ご紹介したのは、ほんの1例に過ぎません。

誰も気づいていないような革新的なアイデアは、まだまだたくさんあると思います。様々な方法を検討して、客単価や店全体の売上アップを目指しましょう!

4　収入・出金を可視化するクセをつけて次月へつなげる

お金の出入りを毎月きちんと可視化する

飲食店経営において、損益ではなく収支を見ることが大切であることは、第3章で詳しくお伝えしました。

その理由は、ズバリ「お店の資金繰りに直結するから」に他なりません。

これから先、安定した経営を長く続けていくためには、お金の出入りを毎月きちんと可視化するクセをつけて、習慣的に行っていくことが何より求められます。

では、お店の収支が可視化されていると、具体的にどのようなメリットがあるのでしょうか。

【メリット1】資金ショートを起こさない

予定資金繰りをしっかり立てておくと、自分の頭の中で「今月はいつ、いくらの収入が入ってきて、いくらの支出があって、残高はいくら残る」といった収支予測ができるようになります。そのため、よほどのことがない限り、いきなり手元の現金や運転資金が不足してしまうというような資金ショートの状態を防ぐことができます。

【メリット2】チャンスを逃さない

新店舗出店、新設備の購入、新しい供給ルートの導入といった新しいチャンスを掴むには、ほとんどの場合で多くのお金を必要とします。

しかし、もし収支の予測ができていなければ、いざというとき、積極的にお金を使うこともできません。目の前に訪れたチャンスを逃さずに、いつでも掴める状態を維持しておけるという意味でも、日頃から収支を数字として可視化をしておくことはとても大切なのです。

予定資金繰り表の活用が上手な経営のコツ

第6章の繰返しになりますが、3か月、半年先といった未来の分まで、お金の動きを想定して作成する「予定資金繰り表」は、収支の可視化に非常に役立ちます。たとえ面倒だなと感じても、必ず表をつくる時間を意識的につくること。

税金の支払いが集中するのは何月か、借入金の返済額は毎月いくらか、現金収入が多く見込めるのはいつ頃かなどをきちんと整理して、常に何か月か先のお金のことまで見えている状況を自らつくり出すのです。

飲食店経営の「守りの要」でありながら、「攻めにもつながる」のが資金管理です。

もし、自分自身で管理しきれないかもしれない…と不安がある場合には、財務に強いビジネスパートナーを見つける、もしくは専門家に相談するというのも解決方法の1つといえるでしょう。

5　投資ビジネスとしてリターンを得られているかを常に意識せよ

飲食店経営を投資ととらえる

飲食店経営を「投資」ととらえることを本書では一貫してお伝えしてきました。

投資とは、今持っている資本を投じて、将来的な資本を増やす活動です。つまり、目指すところは、「リターンを得る」ことであり、経営者は常にこの目標を意識して行動していく必要があるのです。

では、どうすればリターンを得られているかどうかわかるのでしょうか？

それは、第5章で学んだ「IRR（内部収益率）」と「NPV（正味現在価値）」を出してみることです。

その計算からリターンがどの程度なのかを知ることができます。

NPVとIRRから「リターン」を把握しよう

私がこれまで実践してきた手法を踏まえてお話しすると、IRRで利回りを見ることが多いですね。理由は、直感的につかみやすいからです。

一方で、NPVは、事前に規模感を比較するという目的で使うことが多いです。

やり方としては、例えば5年で10％のIRRを求めるプロジェクトであれば、一定期間（半年、1年、2年など）が経過した後、事前計画とのGAPを考慮して見通しを立てます。このGAPは、プラスの場合もありますし、マイナスの場合もあります。

すると、現時点での傾向がその後も継続した場合、プロジェクト終了時の利回りが何％なのかを測ることができるのです。

まず、「IRR」と「NPV」の意味や計算方法をきちんと理解し、正しく算出することが大前提です。その上で、今のリターン状況を常に意識しながら、さらなるリターン獲得のための戦略を練ることができるとなおよいです。

幸いにして、今やほとんどの人の手にPCがあり、それにはExcelのような表計算ソフトが備わっています。表計算ソフトは、販促物をつくったりするものじゃないです。複雑な計算を、簡単に計算するためのツールです。電卓じゃ難しいNPVやIRRも、Excelの関数を使えば簡単に、間違うことなく計算してくれます。
最初から明確なイメージがつかめなくても、徐々に練習して数字に強い経営者を目指していきましょう！

6　これまでのビジネスを捨ててチャレンジする勇気を持て

今後様々な理由でピンチを迎える可能性

今、コロナで経営がピンチに陥っている飲食店は数多くあります。今は何とか順調に進んでいるお店でも、今後様々な理由でピンチを迎える可能性がないとは言い切れません。経営が傾き始めたときに備え、持ち合わせておきたいのは「チャレンジする勇気」です。

とはいえ、新しいこと、今までやっていないことにチャレンジするのはそう簡単なことではありません。これまでの意識や行動を変えるというのは、想像以上に難しいのです。

ビッグチャレンジではなくまずはスモールチャレンジからスタート

チャレンジには、大別してビッグチャレンジとスモールチャレンジが考えられますが、まず最初は、スモールチャレンジから始めてみましょう。

それぞれのケースでどのようなチャレンジをすべきなのか、参考例をご紹介します。

●スモールチャレンジの具体例

「何とかして状況を好転させたいけれど、ビジネスを大幅に変えるのは怖い…」―そんな方にお伝えしたいのは、「今のビジネスの延長線上でできること」を考えることです。

コロナで世の中が変化した現在であれば、デリバリーやECが伸びていることに注目。例えば、マクドナルドやケンタッキーなどは、コロナ禍でもデリバリーやテイクアウトで好調を維持しています。

まずは、デリバリーやテイクアウトを取り込めないか、積極的に考えてみましょう。もしかしたら、ご自身のお店の強みを発揮できるかもしれません（テイクアウトでもお店と変わらない味が楽しめる・デリバリーやテイクアウト限定メニューを開発するなど）。

「デリバリーは儲からない」「ECは競合が多い」などと、頭から消極的に受け止めていてはチャレンジできません。

そうではなくて、まず、始めてみる。その上で「儲からない原因は？」、「競合と差別化するにはどうしたら？」といったマイナス要素の解決方法を考え抜いて、うまくいかない要因を1つひとつ外していくのです。

一方で、状況によっては、ビックチャレンジの決断を迫られることもあるでしょう。こちらも参考例をご紹介します。

●ビッグチャレンジの具体例

ここで紹介したいのは、私が執行役員をしている株式会社Globridgeという会社です。以前は、直営店舗中心の収益構造でした。しかし、コロナウイルスの感染拡大によって、休業、営業時間短縮などを余儀なくされ、業績が大きく悪化しました。資金的にも厳しい状況に追い込まれたのです。

そこで、大塚社長の判断により、直営店を半分に減らし、前述したバーチャルレストランを成長の柱にすることに決めて、事業構造を再構築しました。厳しい判断も多々ありましたが、私は正しい選択だったと思います。

結果として、現在、コロナウイルスによるマイナスを埋めて余りあるほどの収益構造と成長エンジンが生まれつつあります。

このような大きなピンチに直面した際、迅速に財務に取り組まないと会社が倒れます。しかし、財務の取組みは時間稼ぎでしかありません。

そのため、これまでの成功体験を思い切って捨て、これからの時代に合ったビジネスモデルに転換する必要があるのです。

時代の変化に合わせ思い切った転換を図ることで得られるチャンスもある

コロナウイルスの影響だけでなく、時代はどんどん変化しています。これから先、パンデミック以上の出来事が起こる可能性もゼロではありません。

「この経営方針で、昔は大儲けできた」などの成功体験に縛られることなく、重要なのは、これからの時代にマッチしたビジネスへ思い切った転換ができるかどうかです。

スモールチャレンジにしろ、ビッグチャレンジにしろ、その思い切った決断こそが、ピンチのときには必要です。この決断1つで、負けない飲食店になるか、もしくは負ける飲食店になるかの分かれ道といえるでしょう。

スモールチャレンジ、ビッグチャレンジ、どちらを選択するとしても、果敢にチャレンジする勇気と覚悟を持って飛び込んで欲しいものです。

7　薄利多売ビジネスから付加価値をつけたビジネスへ今転換せよ

コロナショックは付加価値をつけたビジネスに転換するチャンスでもある

日本の飲食店の多くが、薄利多売ビジネスに陥っている現状があります。

前項のチャレンジの話とも関連しますが、コロナウイルスの拡大を機に、そんな薄利多売から抜け出したいと、今まで以上に痛感している方はたくさんいらっしゃるのではないでしょうか。

では、薄利多売ビジネスの対極といえる付加価値ビジネスをつくるにはどうすればよいのでしょうか。単純に考えれば、「商品価格を上げる」ということに行き着くかもしれませんが、そう単純なものでもありません。

実際、このコロナ禍で付加価値型のお店がうまくいっていないという現実があります。

ミシュランガイドに掲載されているようなお店でさえ経営危機に陥っていますし、高付加価値であればよいという状況でもなくなっているのです。

では、どうすべきか。

結局は、飲食店経営のすべてに通じることだと思いますが、お客様が何を求めているのかを考え抜いて、業態、商品、サービスをつくっていく、これに尽きます。

その1つのヒントとして、消費者に「このサービスは自分にとってエッセンシャル（必須）だ」と思わせることが重要になっていくでしょう。

先に挙げたミシュランの星つきのような高付加価値を専門にした業態は、ビジネスユースが利用層の中心だったため、今回のコロナでかなり厳しい状況になっています。つまり、「エッセンシャルビジネスではなかった」ということです。

また、フランス料理や高級料亭といったお店は、「非日常」を追求することがこれまでの成功要因でしたが、今はそれが裏目にも出ています。こうした専門性の高いサービスが、何らかのきっかけで生活と切り離せない状態になれば、イノベーションが起きるのでしょう。

エッセンシャル×地域密着型の店舗が1つの生残り策

街の飲食店をのぞいてみると、蕎麦屋や定食屋などは意外とお客さんが入っています。つまり、「エッセンシャルなお店である」と人々が認識している証拠でもあるでしょう。

立地でいうと、繁華街、ビジネス街は難しい状況ですが、地方のロードサイドにある店舗などは調子がよかったりするようです。

ここから見えてくるのは、エッセンシャルに加えて、あらためて地域とのつながりをつくっていくことが必要になるということです。

日々来店するお客さんが入れ替わるのではなく、地元のお客さんたちが毎日通ってくれるようなお店を目指してじっくり関係をつくり、信頼を積み重ねていくことが重要なのではないかと思います。

お客さんとよい関係が築けていれば、お店の売上以外にも収益を立てられる要因はあります。例えば、自分のお店しか仕入れることのできない食材や、地元の野菜を販売するといったアイデア、さらにはお店限定イベントといった様々な横展開が考えられるからです。

もし、あなたが、薄利多売ビジネスから脱却したいと考えているのであれば、価格を上げて利益を増やそうとするのではなく、今求められる「付加価値」とご自身のビジネスをつなげるには何をすべきかということを、ぜひ考えてみてください。

8　戦略を間違えなければ必ず飲食店経営はうまくいく！

状況はマイナス面ばかりではない

これまで様々な視点から飲食店経営をしていくアプローチをお話してまいりました。流行りの集客手法などのテクニカルなものより、普遍的で変わらない考え方を中心にお伝えしたつもりです。

２０２０年は、新型コロナウイルス感染症の世界的流行という未曾有の出来事により、これまで当たり前だった様々なことが一変した年でもあります。

しかし、この状況は、決してマイナス面ばかりではありません。こうした変革期は、新しいチャンスが生まれるときでもあるからです。

店舗の収益がゼロになってしまったとしたら、ただ悲観するのではなく、どうすれば固定費を賄うだけの収益を上げられるのか、それを徹底的に考える時間ができた！　と前向きに捉えていきましょう。

大きな変革期をビジネスチャンスに捉える経営者こそ強い

言い換えれば、そう捉えて前向きに行動していくことでしか、この先生き残っていく方法ないと私は確信しています。すでに成熟していた飲食業界ですから、ある意味、この変革期はまさにビジネスチャンスともいえるでしょう。

では、最後に、今後いくら世の中が激変しようとも、慌てずにまずは次のことを意識して考えてみてください。

・今、何が求められているのかを考え抜き、それをサービスとして具現化する。
・数字を使って経済性をしっかりと客観的に評価する。
・プロジェクトがスタートしたら、想定と現実のGAPをPDCAで埋めていく。
・機を見計らい、時にはダイナミックに方向転換をする勇気を持つ。

・「マーケティング」と「ファイナンス」の2者を過不足なく取り入れる。
　マーケティングは、お客様に選ばれるお店をつくるために重要です。出店エリアにはどのような客層が多いのか、求めているものは何なのかを考えましょう。ターゲットを明確にして、ペルソナ（疑人格）をつくり、その事前期待は何にあるのかを探るのです。自分たちの強みを活かし、その事前期待を超えていくことで、お客様は満足し、感動し、再来店につながります。

　ファイナンスは、出店プロジェクトを定量的に評価し、明確な目標を与えてくれます。初期投資はいくらで、どの程度のキャッシュフローを生み出すのか。そして、そのプロジェクトは目標利回りを超えているのか。利回りを達成するために、初期投資額は減らせないだろうか、収益構造は変えられないだろうか。

　これまで200ページにも渡り説明してきたことの要約です。これらの考え方は、コロナウイルス感染症の拡大前後で変わったのでしょうか。

　実は、何も目新しいことをお話しているわけではありません。飲食店ビジネスに必要な思考は、普遍的なものなのですから。

　あとは、あなたが実行するだけです！

　ぜひ、あなたのお店が、「負けない飲食店」になるための戦略を練り、実践してみてください。

　本書を手に取っていただいた皆さんには、この新しいビジネスチャンスを逃さず、果敢に挑んで、新しい飲食産業をつくって欲しいと思い、本書の締めくくりといたします。

おわりに

本書のタイトルは、「負けない飲食店経営の教科書」です。手に取ったあなたは、おそらく飲食業に身を置かれている方でしょう。開業を考えている料理人さんかもしれませんし、チェーン店のバックオフィスで勤務する方かもしれません。共通することは、飲食店経営に関する何かのヒントを得たいということでしょう。

その答えは、1つでも得られたでしょうか。

私は、こうした会計やファイナンスの分野以外にも、得意とするものがたくさんあります。例えば、お客様の満足度を計測してリピート客を増やす手法、効果的な原価コントロール手法など。お客様の満足度とリピート客の関係を、統計学により公式に落とし込んだものがあります。これを使えば、常連になってもらうための効果的なヒントを得ることができます。

メニュー内容と販売数の関係から、かなりの精度で原価率を予測することができます。これを使えば、お店の特徴や売りを毀損することなく、効果的に原価をコントロールすることができます。あなたのお店の平均注文数、客単価は、ある法則性により成立していることを知っていますか？

執筆を考えた当初は、こうした話題も万遍なく取り上げるつもりでしたが、そんな矢先にパンデミックという大きな環境変化が起こりました。そのため、アフターコロナにおいても通用する重要で普遍的なことを中心に書こうと決め、本書のような構成に仕上げた次第です。

会計やファイナンスは、聞いたことがない用語も多く登場しますし、計算もしなければなりません。正直、面倒で難しいと感じたのではないでしょうか。飲食業に関わる人の興味は、もしかしたら構成からカットした常連化手法や原価コントロールなどにあるかもしれません。

しかし、私がこの業界で継続的に成果を出していけるのは、本書の知識・技術を実務に活用しているからと言っても過言では有りません。それくらい効果的なものですから、あなたにもぜひ知ってほしいのです。そして、本書を読了したからには、せめて1度は試してみてください。今までと違った未来が見えるはずです。

十数年前、私が料理長をしていた大好きなお店がありました。お客様が日を追うごとに減り、経営不振で閉店に向かう中、何もすることができませんでした。あのとき、こんな知識が少しでもあったならば、もっとできることがあったかもしれません。私は、自分の過去を変えることはできませんが、あなたが本書を活用することで、未来を少しばかり変えることならできるかもしれません。

起業して成功するには、勝つためのセンスと少しばかりの運が必要です。一方で、閉店して退場にならないためにも、同じように「負けないための戦略」が必要なのです。その戦略に必要な知識として、本書で取り上げた「会計」「ファイナンス」の知識を活用いただくことを願っています。

これまで紆余曲折しながら非効率に獲得した知識や経験を、できるだけ効率的に、簡単に、少しでも多くの人に届けることができたら、私にとってこの上ない喜びです。

末筆になりますが、経営コンサルタントとして育てていただいたクロスワンコンサルティング株式会社の宇野社長、私の実務力と可能性を伸ばすチャンスを与えてくれた株式会社Globridgeの大塚社長には、深く感謝を申し上げます。ありがとうございます。

そして、いつも私を支えてくれる妻と子供たちに深く感謝しつつ、本書を捧げたいと思います。

最後までお付き合いいただき、誠にありがとうございました。

齋藤　義美

本書に関するお問合せは、左記までお寄せください。
可能な限り迅速に返信させていただきますが、遅れることがありますことをご了承ください。

●株式会社おもいやり経営　info@omc.tokyo

著者略歴

齋藤　義美（さいとう　よしみ）

株式会社おもいやり経営 代表。

株式会社 Globridge の執行役として財務経理の責任者を担っている。

料理人として経験を積み、懐石料理店（客単価 15,000 円程度）や旅館の料理長を経験。その後、経営コンサルタントに転身し、業態開発や企業再生のコンサルティングを行う。債権放棄や M&A を含むプロジェクトに取り組み、100 社以上の支援実績を持つ。現場感覚、経営者視点、コンサルタント視点により問題解決に取り組んでいる。

負けない飲食店経営の教科書

2021 年 8 月 6 日 初版発行　　2024 年 4 月 2 日 第 2 刷発行

著　者　齋藤　義美　© Yoshimi Saito

発行人　森　　忠順

発行所　株式会社 セルバ出版

〒 113-0034

東京都文京区湯島 1 丁目 12 番 6 号 高関ビル 5 B

☎ 03（5812）1178　　FAX 03（5812）1188

http://www.seluba.co.jp/

発　売　株式会社 三省堂書店／創英社

〒 101-0051

東京都千代田区神田神保町 1 丁目 1 番地

☎ 03（3291）2295　　FAX 03（3292）7687

印刷・製本　株式会社 丸井工文社

Printed in JAPAN

ISBN 978-4-86367-678-7